微小型
无人水下航行器
集群协同
理论与应用

梁洪涛　喻俊志　李慧平　著

清华大学出版社
北京

内 容 简 介

本书以微小型无人水下航行器集群协同为研究对象，从仿生集群智能与复杂系统建模的角度，系统阐述了作者所提出的免疫智能体交互网络建模理论方法，主要包括交互网络建模框架建模、单体智能性建模、群体协同性建模、信息融合基础建模、分布式仿真环境建模及应用等内容。本书为微小型无人水下航行器集群智能感知与协同控制提供了方法和技术参考，也为复杂人工系统建模与仿真研究提供了有益借鉴。

本书将理论与实践相结合，可作为普通高等院校从事无人水下集群系统建模研究的教师的参考书，也可作为相关专业研究生、本科生以及工程技术人员的科研资料和辅助读物。

版权所有，侵权必究。举报：010-62782989，beiqinquan@tup.tsinghua.edu.cn。

图书在版编目（CIP）数据

微小型无人水下航行器集群协同理论与应用 / 梁洪涛，喻俊志，李慧平著. -- 北京：清华大学出版社，2024. 6. -- ISBN 978-7-302-66467-3

Ⅰ. U674.941

中国国家版本馆 CIP 数据核字第 2024FY6949 号

责任编辑：许　龙
封面设计：傅瑞学
责任校对：赵丽敏
责任印制：宋　林

出版发行：	清华大学出版社
网　址：	https://www.tup.com.cn，https://www.wqxuetang.com
地　址：	北京清华大学学研大厦 A 座　　邮　编：100084
社 总 机：	010-83470000　　邮　购：010-62786544
投稿与读者服务：	010-62776969，c-service@tup.tsinghua.edu.cn
质量反馈：	010-62772015，zhiliang@tup.tsinghua.edu.cn
印 装 者：	三河市铭诚印务有限公司
经　销：	全国新华书店
开　本：	170mm×240mm　　印　张：14.5　　字　数：211 千字
版　次：	2024 年 7 月第 1 版　　印　次：2024 年 7 月第 1 次印刷
定　价：	98.00 元

产品编号：105345-01

前言

海洋蕴藏着丰富的生物资源、油气资源和矿产资源，是我国建设海洋强国极为重要的战略空间。微小型无人水下航行器（unmanned underwater vehicle，UUV）集群是一种由几十台、上百台甚至上千台微小型 UUV 组成，通过飞机空投或舰艇发射或岸基布放，可长时间在水下自主航行的智能系统，具有成本低、数量多、隐蔽性强、集群智能等独特优势，被视为一种颠覆性技术，可满足海洋资源开发和水下国防装备方面的国家重大需求，已被列为《中国制造 2025》和《新一代人工智能发展规划》的战略任务和重点方向之一。作为进入海洋、认识海洋、开发海洋的水下利器，微小型 UUV 集群与多变的水下环境和繁杂的应用场景等要素构成复杂的无人水下集群系统，向着 UUV 集群更高的智能化方向发展，这也对 UUV 集群协同建模理论方法研究提出了更高的要求。

目前，多智能体（multi-agents，MAS）建模作为分布式人工智能领域的前沿技术，为该类系统的分布式协调机制研究提供了一条崭新的途径，广泛应用于无人车、无人机、卫星等各类无人集群协同领域。由于应用场景的复杂性、外界环境的可变性、建模任务的多样性，以及知识获取的不完备性，已有 MAS 建模理论在应用过程中显现出其局限性：缺少对系统结构与协调机制紧耦合关系的考虑，缺乏复杂环境条件下协调过程与动态演化的交互行为分析，忽视分布式仿真支撑系统对协调机制建模精度分析的重要性。

随着人工智能技术的蓬勃发展，MAS 建模理论方法与仿生技术、大数据技术及计算机技术交叉融合，催生了新的建模理论方法，为微小型 UUV 集群协同研究提供了新的设计思想与控制理念。本书作者及其科研团队从 2011 年开始从事无人水下集群系统建模、控制与仿真的理论与实践研究，创新性地提出了免疫智能体交互网络建模理论，搭建了分布式无人水下集群系统仿真平台，不仅有效解决了传统 MAS 建模技术在无人集群系统中的不足，还为验证微小型 UUV 集群的应用提供了可靠、有效的支撑工具。本书是作者在总结微小型 UUV 集群协同的研究成果及多年科研实践的基础上撰写而成的，部分内容是已经公开发表的文章和论文，部分内容则是作者对无人系统建模与仿真的思考和见解。

本书系统地介绍了微小型无人水下航行器集群协同理论与应用。全书共分 7 章。第 1 章概论，介绍微小型 UUV 集群、MAS 建模理论方法及其技术发展。第 2 章介绍免疫智能体交互网络建模理论，并从静态结构与动态机制两个方面进行机理阐述其组成、结构与功能。第 3 章介绍多层次混合式免疫智能体结构的单体智能性建模。第 4 章阐述约束条件下自适应动态协作与通信机制的群体协同性建模。第 5 章讨论免疫智能体交互网络框架下信息融合与目标跟踪基础模型。第 6 章介绍面向免疫智能体交互网络的分布式仿真系统设计与应用。第 7 章总结全书并展望未来研究方向。

本书由梁洪涛、喻俊志、李慧平撰写，在编写过程中得到西北工业大学康凤举教授（国务院兵器科学与技术学科评议组原成员）的大力支持，康教授为本书的结构和内容安排提供了许多宝贵建议，对此表示感谢。

本书得到国家自然科学基金（No. 62203286）、陕西省自然科学基金（No. 2022JM-312）、陕西师范大学优秀学术著作出版项目以及陕西师范大学"田家炳学人计划"研修项目的支持和资助。

由于作者水平有限，书中难免存在不妥之处，恳请读者批评指正，对此我们表示衷心感谢。

作　者

2024 年 3 月 1 日

缩略语中英文对照表

缩略语	英文全称	中文释义
AA	administrator agent	管理者
AIS	artificial immune system	人工免疫系统
AM	agent-meta	Agent 元模型
AOO	agent-based object-oriented	面向 Agent 对象
AUV	autonomous underwater vehicle	自主式无人水下航行器
BUR	bionic underwater robot	仿生水下机器人
BDI	belief-desire-intention	信念-愿望-意图
BIS	biological immune system	生物免疫系统
BLL	behavior-learning layer	行为学习层
BOT	bearing-only tracking	纯方位目标跟踪
BPL	behavior-planning layer	行为规划层
BRL	behavior-reacting layer	行为反应层
CA	constant acceleration	匀加速
CAS	complex adaptive system	复杂适应系统
CCL	coordination-control layer	协调控制层
CCLF	centralized coordination leader-follower	集中协调式领航跟随
CNP	contract net protocol	合同网协议
CS	current statistical	当前统计
CS	complex system	复杂系统
CT	coordinated turn	协同转弯

缩写	英文	中文
CV	constant velocity	匀速
DA	deliberative agent	慎思型智能体
FAHP	fuzzy analytic hierarchy process	模糊层次分析法
FAIMM	fuzzy adaptive interacting multiple model	模糊自适应交互式多模型
FPN	fuzzy Petri net	模糊 Petri 网
GN	global network	全局网络
HA	hybird agent	混合型智能体
HT	hybrid topology	混杂拓扑
IA	immune-agent	免疫智能体
IF	information fusion	信息融合
IMM	interacting multiple model	交互式多模型
INM	immune network model	免疫网络模型
KQML	knowledge query and manipulation language	知识查询与操作语言
LN	local network	局部网络
LSM	least square method	最小二乘法
M&S	modeling and simulation	建模与仿真
MAS	multi-agents	多智能体
MAIF	mulitple-agents information fusion	MAS 信息融合
MMS	motion model set	运动模型集合
MUSC	micro-UUVs swarm collaboration	微小型 UUV 集群协同
MTP	model transition probability	模型转移概率
OCGS	open complex giant system	开放复杂巨系统理论
OOA	object-oriented analysis	面向对象分析
PEL	perception-executing layer	感知执行层
PF	particle filter	粒子滤波
RA	reactive agent	反应型智能体
ROV	remote operated vehicle	遥控式无人水下航行器

SG	Singer	辛格
SLT	star-like topology	星形拓扑结构
SOM	self-organizing map	自组织映射
SOT	self-organization theory	自组织理论
TGFN	triangular fuzzy number	三角模糊数
TZFN	trapezoidal fuzzy number	梯形模糊数
UG	underwater glider	水下滑翔机
UML	unified modeling language	统一建模语言
UUV	unmanned underwater vehicle	无人水下航行器
WFPN	weighted fuzzy Petri net	加权模糊 Petri 网
WFPR	weighted fuzzy production rule	加权模糊产生式规则
WLT	web-like topology	网状拓扑结构
XML	extensible markup language	可扩展标记语言

目 录

1 概论 ……………………………………………………………………… 1
  1.1 引言 ………………………………………………………………… 1
  1.2 微小型 UUV 集群 …………………………………………………… 4
    1.2.1 单体模式 …………………………………………………… 4
    1.2.2 集群模式 …………………………………………………… 10
  1.3 微小型 UUV 集群协同建模理论 …………………………………… 12
    1.3.1 系统结构 …………………………………………………… 13
    1.3.2 协同机制 …………………………………………………… 14
    1.3.3 信息融合 …………………………………………………… 17
  1.4 MAS 建模与仿真理论基础 ………………………………………… 18
    1.4.1 理论概述 …………………………………………………… 18
    1.4.2 关键技术 …………………………………………………… 19
    1.4.3 应用分析 …………………………………………………… 24
  1.5 基于 MAS 的多 UUV 协同研究现状 ……………………………… 26
    1.5.1 集群协同理论 ……………………………………………… 26
    1.5.2 仿真建模技术 ……………………………………………… 27
    1.5.3 存在的问题 ………………………………………………… 29
  1.6 小结 ………………………………………………………………… 30
  参考文献 ………………………………………………………………… 30

2 面向 UUV 集群协同的免疫智能体建模理论 ………………………… 42
  2.1 引言 ………………………………………………………………… 42

2.2 建模需求分析与关键问题 ································· 43
   2.2.1 需求分析 ··· 43
   2.2.2 关键问题 ··· 44
2.3 复杂性论证 ··· 45
   2.3.1 复杂系统概述 ····································· 45
   2.3.2 微小型 UUV 集群复杂性分析 ······················· 47
2.4 复杂系统与 MAS 关系分析 ······························· 49
   2.4.1 拓扑结构 ··· 49
   2.4.2 复杂系统基于 MAS 的方法论 ······················· 51
2.5 免疫智能体交互网络 ····································· 53
   2.5.1 生物免疫学理论 ··································· 53
   2.5.2 免疫隐喻机制 ····································· 58
   2.5.3 理论与实践分析 ··································· 62
   2.5.4 建模理论体系构建 ································· 64
2.6 建模方法设计 ··· 66
   2.6.1 映射关系 ··· 66
   2.6.2 概念建模 ··· 67
   2.6.3 系统框架 ··· 71
   2.6.4 方法对比 ··· 73
2.7 小结 ··· 74
参考文献 ··· 74

3 单体智能性建模 ·· 78

3.1 引言 ··· 78
3.2 免疫智能体 ··· 79
   3.2.1 Agent 元模型结构 ································· 79
   3.2.2 混合免疫智能体 ··································· 81

3.2.3　映射关系建模 ·················· 84
3.3　混合式免疫智能体 UUV 模型 ················ 85
　　　3.3.1　功能模块抽象 ·················· 85
　　　3.3.2　层次式模型 ·················· 86
　　　3.3.3　模型特点 ·················· 89
　　　3.3.4　形式化描述 ·················· 90
3.4　关键组件设计 ·················· 91
　　　3.4.1　知识库 ·················· 92
　　　3.4.2　状态集 ·················· 95
　　　3.4.3　规则库 ·················· 97
　　　3.4.4　行为协调器 ·················· 99
　　　3.4.5　行为规划器 ·················· 102
　　　3.4.6　行为学习器 ·················· 108
3.5　小结 ·················· 110
参考文献 ·················· 110

4　群体协同性建模 ·················· 113

4.1　引言 ·················· 113
4.2　混杂拓扑结构 ·················· 114
　　　4.2.1　概念建模 ·················· 114
　　　4.2.2　结构特点 ·················· 117
4.3　拓扑结构与集群结构映射 ·················· 119
　　　4.3.1　典型集群结构 ·················· 119
　　　4.3.2　分布式结构建模 ·················· 121
4.4　免疫网络与市场机制融合的协商通信协议 ·················· 122
　　　4.4.1　概念建模 ·················· 123
　　　4.4.2　通信协议 ·················· 124

4.5 全局协调控制模型 …………………………………………………… 126
　　4.5.1 免疫网络动力学模型 ………………………………………… 126
　　4.5.2 改进 Farmer 免疫网络 ……………………………………… 127
4.6 局部协调控制模型 …………………………………………………… 129
　　4.6.1 形成过程 ……………………………………………………… 129
　　4.6.2 通信协议 ……………………………………………………… 131
　　4.6.3 约束条件 ……………………………………………………… 135
　　4.6.4 协调过程 ……………………………………………………… 137
4.7 协商通信语言建模 …………………………………………………… 141
　　4.7.1 KQML 原语 …………………………………………………… 141
　　4.7.2 通信动作 ……………………………………………………… 143
　　4.7.3 语言集成与转换 ……………………………………………… 144
4.8 小结 …………………………………………………………………… 146
参考文献 …………………………………………………………………… 146

5 交互网络框架下的信息融合研究 …………………………………… 150

5.1 引言 …………………………………………………………………… 150
5.2 协同化信息融合建模 ………………………………………………… 150
　　5.2.1 信息融合 ……………………………………………………… 150
　　5.2.2 融合结构 ……………………………………………………… 151
5.3 多层次目标跟踪原理 ………………………………………………… 153
　　5.3.1 理论概述 ……………………………………………………… 153
　　5.3.2 跟踪原理 ……………………………………………………… 154
5.4 纯方位信息融合预处理 ……………………………………………… 155
　　5.4.1 非线性模型 …………………………………………………… 155
　　5.4.2 位置估计预处理 ……………………………………………… 156
5.5 目标跟踪算法设计 …………………………………………………… 159

    5.5.1 交互式多模型 ……………………………………………… 160
    5.5.2 模型集合优化 ……………………………………………… 163
    5.5.3 模型转移概率自适应调整 ………………………………… 165
    5.5.4 粒子滤波器设计 …………………………………………… 167
  5.6 组合算法与实例应用 ……………………………………………… 169
    5.6.1 算法步骤 …………………………………………………… 169
    5.6.2 仿真实例 …………………………………………………… 169
  5.7 小结 ………………………………………………………………… 174
  参考文献 ………………………………………………………………… 175

6 面向免疫智能体交互网络的分布式仿真系统设计与应用 …………… 178

  6.1 引言 ………………………………………………………………… 178
  6.2 仿真系统的性能 …………………………………………………… 179
  6.3 分布式仿真系统 …………………………………………………… 179
    6.3.1 仿真平台概述 ……………………………………………… 179
    6.3.2 NetLogo 仿真支撑环境 …………………………………… 181
    6.3.3 仿真系统设计 ……………………………………………… 182
  6.4 三维可视化逼真度评估 …………………………………………… 183
    6.4.1 四级逼真度评估指标体系 ………………………………… 184
    6.4.2 突变决策方法设计 ………………………………………… 186
    6.4.3 可视化逼真度分析 ………………………………………… 191
  6.5 典型仿真应用与分析 ……………………………………………… 194
    6.5.1 单体避障仿真应用与分析 ………………………………… 194
    6.5.2 群体协同探测应用与分析 ………………………………… 198
    6.5.3 多种方法应用对比与分析 ………………………………… 203
    6.5.4 三维可视化仿真分析 ……………………………………… 206
  6.6 小结 ………………………………………………………………… 207

参考文献 ………………………………………………………… 208

7 总结与展望 …………………………………………………… 211

7.1 内容总结 ………………………………………………… 211
7.2 研究展望 ………………………………………………… 213

1 概 论

1.1 引言

海洋约占地球表面积的四分之三,孕育无数生命,调节全球生态,提供丰富资源,对人类的生存发展具有至关重要的意义。我国不仅是陆地大国,亦是海洋大国,大陆海岸线总长约 1.8 万 km,海域面积约 473 万 km^2,海洋渔业、矿产、油气、旅游资源丰富充盈。同时,我国与日本、韩国及南海诸国存在较多领海争议,围绕海洋空间与资源的竞争愈演愈烈。如何保护我国海洋、合理开发利用海洋资源是功在当代、利在千秋的重大课题。党的二十大报告明确提出[1]:"发展海洋经济,保护海洋生态环境,加快建设海洋强国。"而无人水下航行器(unmanned underwater vehicle,UUV)作为一种高新技术运载工具,正是认识海洋和经略海洋过程中不可替代的坚强利器,更是支撑我国建设海洋强国的重要装备[2]。

相比有人水下航行器,UUV 具有隐蔽性好、风险性低、智能性高、可回收等特点,在遂行任务过程中扮演前置探测、通信节点、投送平台、攻击武器等多种角色。随着人类开发海洋的步伐逐渐加快,UUV 在海洋勘探、环境监测、水下考古、反潜作业、水下侦察等领域发挥着越来越重要的作用。为此,结构和功能各异的 UUV 相继研制成功,有效集成探测识别、信息融合、智能控制等多种技术,能够自主规划、控制、决策和完成复杂海洋环境中的任务使命。按照操作方式不同 UUV 可分为遥控式和自主式两种作业模式。遥控式无人水下航行器

(remote operated vehicle,ROV)需要由操作人员通过电缆或无线通信手段进行远程操控和监测。这种方式适合长期开展海洋环境调查、生物多样性调查、深海极端环境探测和深海矿产资源调查等科考工作。自主式无人水下航行器(autonomous underwater vehicle,AUV)没有接到母船的电缆和外部操作人员,而是依靠控制器程序自主感知、决策和执行任务。

根据运动机理和应用需求,AUV 又演化出水下滑翔机(underwater glider,UG)和仿生水下机器人(bionic underwater robot,BUR)。UG 通过内部和鱼鳔工作原理相似的浮力调整机构调节浮力和重力差,低能耗和低噪声性能突出,可实现水下长时间连续性工作。这种方式适合在远程、恶劣环境或需要高精度自主能力的情况下执行任务。BUR 通过学习海洋生物的形态结构与运动机理,使 UUV 具有推进效率高、尾迹特征小及机动性好等特点,大致可以分为仿生机器鱼、仿生机器水母和仿生两栖机器人[3]。仿生机器鱼采用体/尾鳍(body and/or caudal fin,BCF)推进模式或中央鳍/反鳍(median and/or paired fin,MPF)推进模式实现 UUV 高机动、高效率、高速度及低扰动的运动。仿生机器水母则利用外伞和内伞的收缩与舒张来实现 UUV 的运动。仿生两栖机器人包括腿足式、蛇形和球形两栖机器人,兼具陆地和水下环境中的运动功能,运动原理各不相同但各具优点。

根据美国海军对无人潜航器划分标准,无人水下航行器根据尺寸与质量大小可分为巨型、大型、中型和微小型 UUV[4]。由于巨型、大型、中型 UUV 开发周期长且造价成本昂贵,微小型 UUV 在科研、商业和军事上表现出旺盛的生命力,具有体积小、质量轻,便于存储、布放和回收,可以遂行多样任务等诸多优势[5-6]。得益于材料、能源、控制、计算机等技术日新月异的发展,微小型 UUV 已成为无人水下系统技术研究的前沿[7]。同时,随着海洋应用设备体积功耗不断减小,摄像机、侧扫声呐、多波束声呐、水质仪、荧光计、浊度计等多种传感器也适合搭载于微小型 UUV 上。这些模块化、可扩展的设备又促进了微小型 UUV 的发展及其智能化水平的显著提升[8-10]。

由于海洋环境的复杂性和应用场景的多样性,微小型 UUV 的探测、感知、能源受限,其携带载荷单一,单体执行任务能力有限。而微小型 UUV 集群是一种由几十台、上百台甚至上千台微小型 UUV 组成,可通过飞机空投、舰艇发射或岸基布放,可长时间在水下自主航行的无人系统,具有数量多、隐蔽性强、集群智能等独特优势[11-13]。作为一种颠覆性技术,微小型 UUV 集群吸引了各国的目光[14-15]。新一代人工智能相关技术,如物联网、云计算、大数据、深度学习、机器学习、自主计算等技术也将大幅度提升微小型 UUV 集群智能水平[3],助力高效率完成广域信息收集、环境监测、覆盖搜索、侦察监视、识别跟踪、巡逻围捕等各类枯燥、恶劣和危险任务[16-17]。

微小型 UUV 集群作为新型水下装备,与多变的水下环境和繁杂的应用场景等要素构成复杂的无人水下集群系统,向着 UUV 集群的智能化和协同化方向发展[18-19],这也对 UUV 集群智能感知与协同控制的建模理论方法研究提出了更高的要求。然而,已有多智能体(multi-agents,MAS)建模理论方法缺少对系统结构与协调机制紧耦合关系的考虑,缺乏复杂环境条件下协调过程与动态演化的交互行为分析,忽视分布式仿真支撑系统对协调机制建模精度分析的重要性。同时,与地面和空间环境相比,水下环境更为复杂、动态、不可控,因此地面和空间多智能体的集群协同理论无法直接应用于微小型 UUV 集群[20]。随着科学技术的发展,可利用全球定位系统(global positioning system,GPS)定位、视频分析、声呐成像等高质量观测技术挖掘更为细致的仿生集群交互机制[21-22],例如拓扑交互、视觉引导、免疫网络等,这为提升集群自主协同能力提供了新的设计思想和控制理念。

本书聚焦微小型无人水下航行器集群协同理论,从复杂系统建模与仿真研究入手,阐述免疫智能体交互网络的建模新理论,同时从个体智能与群体协同的角度给出多层次混合式免疫智能体结构的 UUV 智能性建模、约束条件下自适应动态的群体协同性建模,以及免疫智能体交互网络框架下的信息融合等方法,并基于 NetLogo 仿真平台构建分布式仿真系统进行应用研究。

1.2 微小型 UUV 集群

微小型 UUV 根据工作模式可以划分为单体模式和集群模式。单体模式虽然具有隐蔽性强、灵活性好、环境适应性强等特点，但是其能源、探测、通信能力的受限不容忽视。而集群模式不仅可以弥补上述受限问题，还能发挥集群分布性、鲁棒性和容错性等优势，已经在世界海洋工程领域引起广泛关注。

1.2.1 单体模式

关于微小型 UUV 的定义国际上没有统一的标准，通常是指体积小、质量轻，具备自主水下航行能力的无人机器人，可用于执行各种水下任务。从广义上来说，这种定义涵盖了各种大小和类型的微小型水下机器人。总的来说，其主要性能指标可概括为：直径 0.2m 左右，长度 2m 左右，质量 50kg 左右，最大续航能力达到 12h 以上。美国微小型 UUV 技术处于国际领先水平，已研制出多款系统并进行了大规模应用。

Bluefin-9(图 1-1)是美国 Bluefin 公司推出的小型无人航行器[23]，直径 0.24m，长度 1.75m，质量 60.5kg，续航时间 12h，最大下潜深度 200m，采用 GPS 导航，精度为 0.3%。它可遂行海洋调查、水下环境监测、反水雷、情报监视和侦察等多种任务。

Riptide(图 1-2)无人水下航行器是美国 Riptide 公司推出的微小型 UUV，直径 0.12m，长度约 1m，质量 9.98kg，最大下潜深度 300m。这是一款新型的、高度灵活的、开源的自主航行器[24]。它可遂行情报侦察、超浅水域反水雷、反恐防卫等多种任务。

图 1-1　Bluefin-9

图 1-2　Riptide

REMUS 100（图 1-3）是由美国 UUV 制造商 Hydroid 公司为沿海 100 米深度左右的工作环境研发的一种轻型无人航行器，最大直径 0.19m，长度 1.32m，质量约 37kg，最大下潜深度 100m，其传感器可搜集 3~150m 水深中的声呐信号和环境数据，最大航深 60m。它可遂行港口巡逻、反水雷、打捞与救援、环境监测及近海资源勘探等多种任务。

SEAScout（图 1-4）无人水下航行器是美国 QinetiQ North America 公司研制的一款微型 UUV[25]，具有可重配置的有效载荷能力，直径约 0.12m，长度约 0.25m，最大下潜深度 200m，采用 GPS、9 轴惯性测量单元（inertial measurement unit，IMU）、深度传感器组成导航系统。它可遂行诱饵、信息中继、数据采集、情报侦察等多种海上任务。

图 1-3　REMUS 100

图 1-4　SEAScout

Seabed 无人水下航行器是美国伍兹霍尔海洋研究所专为深海海底探测与成像研制[26]。不同于其他 UUV 的鱼雷体结构，它采用双体结构并搭配四个推进器,如图 1-5 所示,可应用于极地科考、海洋生物考察、深渊地质探测和水下考古。

Seaglider 滑翔机(图 1-6)是美国华盛顿大学应用物理实验室研制成功的无人水下航行器[27],不同于传统的"螺旋桨+操纵舵"的推进模式,它通过改变自身浮力来实现上升和下潜,利用海洋中的垂直海流和浮力变化来滑翔,直径约 0.3m,长度 0.18~2m,质量约 52kg,最大下潜深度 1000m,最大航程 4600km,体积变化 850mL,续航时间 2 个月。它可遂行海洋科学研究、气候变化研究、海洋资源管理、环境监测等任务。

图 1-5 Seabed

图 1-6 Seaglider 滑翔机

Robotuna(图 1-7)是美国麻省理工学院成功研制的世界上第一条真正意义上的水下仿生机器鱼[28],采用 BCF 推进模式,长约 1.2m,质量 68kg,最高速度为 1.6m/s,续航时间 20h。这款机器人的设计初衷是用于海洋探测,它的外形和游动方式与真实的金枪鱼非常相似,可以在不被发现的情况下接近水下生物并进行近距离观察。它可应用于海洋科学研究、海洋牧场检测等领域。

国外其他科研单位与公司也研制了相关的微小型 UUV 系统。例如,日本 Yumeiruka 水下机器人采用自主式和声控式两种运行方式[29],其前后均采用 X 型控制舵,使机器人在高速情况下也能迅速改变航向,如图 1-8 所示。法国 SeaExplorer 滑翔机[30]是 ALSEAMAR 公司研制的用于测量水下流速的微小型潜航器,最大下潜深度 1000m,如图 1-9 所示。欧盟 SHOAL 仿生金枪鱼[31]主要用于水质污染监测,长度约 1.5m,已在西班牙港口进行了测试,如图 1-10 所示。荷兰 Galatea 仿生波动鳍推进水下机器人[32]是由代尔夫特理工大学研

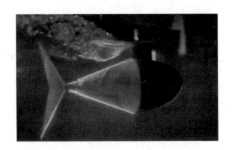

图 1-7 Robotuna

制,不同于大多数 BCF 推进的 BUR,其采用 MPF 模式,通过以凸轮摆臂为核心的仿生波动鳍推进机构驱动鳍条,带动柔性鳍面产生连续波状变形,并与水相互作用产生前进推力,配合中部的沉浮调节机构,可实现水下机器人的多维度运动,如图 1-11 所示。

图 1-8 日本 Yumeiruka 水下机器人

图 1-9 法国 SeaExplorer 滑翔机

图 1-10 欧盟 SHOAL 仿生金枪鱼

图 1-11 荷兰 Galatea 仿生波动鳍推进水下机器人

在国内,"海鳗号"便携式自主水下航行器(图 1-12)由西北工业大学联合多家单位研制[33],直径 0.2m,长度 1.8~2.2m,质量 50~60kg,最大工作水深

100m，巡航速度 3~5kn，最大续航能力达到 12h 以上。它可遂行水文调查、地图测绘、水污染调查、水下考古等民用领域的工作任务，也在水下侦察、战场数据收集、水下反水雷等军用领域有广阔的应用前景。

"海燕号"水下滑翔机（图 1-13）是天津大学自主研发的一款融合浮力驱动与螺旋桨推进技术的水下滑翔机[34]，直径 0.3m，长度 1.8m，质量 70kg，最大工作水深 1500m，最大航程 1000km，可持续不间断工作 30 天左右，具备独立在水下全天候工作的能力。它可应用于海洋生物调查、环境监测、灾害预警、军事侦察、反潜等领域。

图 1-12　海鳗号

图 1-13　海燕号

SPC 系列仿生机器鱼（图 1-14）是由北京航空航天大学研制成功的。其中，2004 年研制成功的 SPC-Ⅱ是中国第一条具有实际应用的仿生机器鱼[35]，体长 1.23m，转向角速度 30(°/s)，续航 2~3h。SPC-Ⅲ体长 1.76m，最大游速可达 1.36m/s，尾部采用四连杆并联结构，均由 150W 直流电机驱动。在太湖水质检测实验中，单次续航 13h，航程达到 49km。此外，文力等人研制了仿生鲫鱼软体吸盘机器人[36]。该机器人本质上是一种跨水空的无人航行器，如图 1-15 所示，可用于水下考古、探查狭窄水道、渔业养殖和捕捞，也可作为水下微小型运载工具，在抢险搜救等工作中发挥重要作用。

此外，国内其他科研单位也对微小型 UUV 开展了相应研究。中国科学院沈阳自动化研究所研制了"探索 100"便携式 AUV 和"海翼"UG[37]，并顺利进行了湖上试验，如图 1-16 所示。中国科学院自动化研究所吴正兴等人以北美狗

图 1-14　SPC 系列

图 1-15　仿生鲫鱼软体吸盘机器人

鱼和海豚为研究对象,研制了高机动机器狗鱼和水质监测机器海豚[38],如图 1-17 和图 1-18 所示。哈尔滨工业大学以霞水母为研究对象,研制了机械驱动的仿生水母样机[39],最大推进速度为 0.12m/s,如图 1-19 所示。

图 1-16　"探索 100"便携式 AUV 和"海翼"UG

图 1-17　高机动机器狗鱼

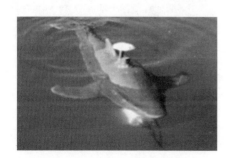
图 1-18　水质监测机器海豚

图 1-19　仿生水母样机

1.2.2 集群模式

微小型 UUV 集群是由几十台、上百台甚至上千台微小型 UUV 组成的智能无人系统。相比于单体模式，其具有数量多、隐蔽性强、扩展性好、集群智能等独特优势，而且可与其他潜水器、水面船、无人机、卫星等无人系统构成立体网络，不仅在民用领域应用广泛，也在军事应用中作为"力量倍增器"越来越受到重视。下面介绍几种典型的微小型 UUV 集群系统。

SwarmDiver 项目是美国 Aquabotix 公司开发的水下微小无人机集群[40]，其中个体长度为 0.75m，质量为 1.7kg，能达到的水下深度为 50m，最大航速为 2.2m/s，最大运行时间为 2.5h，搭载有温度和压力传感器，单个售价 1000～10 000 美元不等，能以 40 个以上个体的集群模式工作，如图 1-20 所示。该水下微小无人机集群可用于环境监测、港口管理、预留追踪以及军事用途。

微型自主水下探险者（Miniature Autonomous Underwater Explorer，M-AUE）项目是美国加州大学 2017 年报道的水下微小无人机集群[41]。M-AUE 上安装了浮力控制装置用于控制深度，同时还搭载了温度、压力、水声传感器、发光 LED、GPS 天线、RF 信标等装置，如图 1-21 所示。集群可模仿海洋浮游生物的行为，在海底三维空间内采集温度信息，为研究洋流对浮游生物生存状况的影响提供参考。

图 1-20　SwarmDiver

图 1-21　M-AUE

集体认知机器人（Collective Cognitive Robotics，CoCoRo）项目是 2015 年

由欧盟资助研制的由41个微小个体组成的当时世界上数量最多的水下机器人集群[42]。个体平面尺度约为12cm，由3个驱动装置分别控制水平方向上的2个自由度（平移或绕行）和垂直方向上的1个自由度（沉浮）。个体之间采用LED光信号进行短距离通信，同时有无线电频率通信和声呐长距离通信与定位辅助，如图1-22所示。将CoCoRo系统形成的群体智能与自然界中生物集群的性能进行对比与验证，可为大规模水下集群应用提供技术储备。

在国内，由多台"探索100"AUV组成的水下集群（图1-23）组网观测系统在2019—2020年间开展了多项海洋特征观测试验及示范应用[37]，并首次获取了大亚湾海域高分辨率的冷水团入侵和岬角涡旋精细结构特征，为研究上升流冷水对大亚湾底层生态系统的影响提供了依据。同时，在重点海区利用多AUV开展了协同区域搜索、编队和温跃层协同观测试验。

图 1-22　CoCoRo　　　　　图 1-23　"探索100"AUV集群

"海翼"水下滑翔机集群近几年也连续开展集群应用。该集群于2017年首次开展协同观测任务，创造了当时我国海上连续工作时间最长、航行距离最远、观测剖面数最多的纪录。2020年，12台水下滑翔机完成了印度洋联合海洋与环境研究计划冬季调查任务，如图1-24所示。2021年，8台水下滑翔机作为重要调查装备参加了由中国科学院海洋研究所组织的国家自然科学基金共享航次计划西太平洋科学考察实验研究任务[37]，成功实现了西太平洋集群观测应用。

此外，国内外其他科研单位也围绕微小型UUV集群系统开展了研究与应用。英国开发了"无人战士"（unmanned warrior）系统[43]，演示了50多个UAV、USV、UUV等各类海上自主系统的通信、协同、作业能力。澳大利亚建

图 1-24 "海翼"水下滑翔机集群

设了由超过 180 台 Slocum 和 40 台 Seaglider 滑翔机组成的综合海洋观测系统(integrated marine observing system,IMOS)[44],承担了海洋环境测量、生物地球化学特性检测等任务。韩国生产技术研究院(KITECH)研制了仿生机器鱼鱼群,通过搭载多水质传感器执行水质污染监测任务。我国哈尔滨工程大学、西北工业大学、天津大学、中国科学院自动化研究所等单位也围绕不同形式的微小型 UUV 集群开展研究。总的来说,美国、欧盟等国家或地区相继开发了多款微小型 UUV 集群,并成功应用在海洋生物生存环境的数据采集、水下目标搜索等领域。这些集群的个体尺寸大多不超过 1m,有的甚至更小,个别微小无人机集群已经实现了商业化生产,并得到军方应用[3,7,21,31,37]。我国虽然在中大型 UUV 方面的研究已经处于世界前沿水平,但微小型无人水下集群系统的实践研究报道较少,亟须进一步发展与完善。

1.3 微小型 UUV 集群协同建模理论

对于微小型 UUV 集群系统来说,任务分配、路径规划、规避障碍、协同搜索等所有群体决策的实现都是建立在高效率协同基础之上,因此集群系统必须具备强大的执行能力和高效的协同能力,以应对各类水下复杂应用场景。由于海洋环境效应与集群规模效应强耦合,各类干扰或不确定性对微小型 UUV 集群协同控制的稳定性带来了巨大挑战。一方面,受制于低成本与小型化,微小型 UUV 感知范围与通信带宽有限，加之海风、洋流、涌浪等外界干扰，个体间感知信息极易互扰，造成信道拥堵或通信延迟；另一方面，由于有限空间内个体规模数量与密度分布较大，个体相对容许运动空间狭小，极易触发集群链式"雪崩"碰撞与分裂。这种环境效应与规模效应强耦合的非线性特征，不仅影响集群控制稳态和瞬态性能，还威胁水下航行安全。这些因素对微小型 UUV 集群协同的建模理论研究与海洋场景应用都提出了新的挑战。

微小型 UUV 集群协同建模研究属于多学科交叉领域，涉及无人系统、自主控制、仿生机器人、复杂系统建模等多种高新技术。围绕其系统结构、协同机制及信息融合的研究对于无人水下集群的工程设计与应用有着非常重要的作用，备受科学界与工程界关注。

1.3.1 系统结构

系统结构是指微小个体之间控制与通信的顶层架构，决定了群体的整体框架，是协同系统有效运行的基础。灵活的系统结构一直是微小型 UUV 集群应对复杂环境所追求的目标，对提高集群通信与消息传递的质量和效率具有重要作用。依据 MAS 拓扑结构，集群系统可设计为集中式和分散式两类，其中分散式结构又可分为分布式和分层式。分布式结构中所有 UUV 个体的地位相对于系统是平等的，分层式结构则在局部层次上存在集中式结构。基于以上三类结构，很多系统结构设计方案相继被提出并用于解决多 UUV 的组织问题。

美国国家标准和技术研究院（NIST）于 20 世纪末提出了时空分解系统结构，利用现代控制、人工智能理论及任务细分思想，形成一套完整的多水下机器人分布式控制系统结构以保证任务完成的质量和进度[45]。欧盟在多 AUV 项目 MAUVS GREX 中提出了基于 AUV 间测距的分布式系统结构[46]。Paull 等人运用 MAS 协商和通信机制实现了 AUV 群体的分布式协同定位估计[47]。Youssef 等人针对浅海环境设计了集中式多 AUV 系统结构，实现了对离岸地震信息的协同探测与数据采集[48]。Zhao 等人以 AUV 状态信息的收敛率为研究目标,利用 MAS 网络拓扑和代数图论建立了领航跟随的集中式系统结构[49]。Conti 建立了一种基于分散式系统结构的开放式多水下机器人协调控制结构,为任务级和行为级的协调控制提供了一个指导框架[50]。

国内围绕多 UUV 系统结构的研究也取得了一定的进展。封锡盛等人针对异构多 UUV 协作,提出了基于 MAS 的分层式系统结构,在个体层面将 UUV 智能体的思维状态分为社会心智和个体心智两个层次分别实现,在群体层面采用面向对象的 Petri 网建立系统的协同模型[51]。姜大鹏提出了一种名为"市场"框架的多水下机器人系统分布式控制方法,并给出了基本假设、概念和优化过程,还对框架的收敛性和计算复杂度进行了证明[52]。梁庆卫等人提出了基于交互式马尔可夫链模型的多 AUV 合作系统,通过"行为转移"实现系统的结构变化[53]。刘明雍等人建立了自组织结对行为的分布式群集分群控制策略,利用航向的变化表征其应激反应强度,结合传统分离/组队/聚合规则对集群行为进行协调,实现群集在外部刺激下自发分群[54]。

上述研究成果主要针对特定任务的集群系统结构,而在考虑 UUV 个体结构与群体结构耦合关系、集群自组织等方面,尤其是环境效应约束条件下协同过程所追求的无中央控制的系统结构则很少有人涉足。

1.3.2 协同机制

协同机制体现集群系统的运行方式,主要解决集群控制、任务分配、资源优化等问题。在微小型 UUV 集群系统场景应用中,需要兼顾单体能力和群体协同,避免资源浪费和冗余。因此,高效的协调、协商和协作,直接影响水下任务完成的效率和质量。同时,协同机制与系统结构密切联系,像一对"孪生兄弟",协同机制依赖于系统结构的动态变化,系统结构也限制着协同机制的运行规律。依据系统结构,协同机制也可概略地分为集中式和分布式两类。

1) 集中式协同机制

集中式协同机制必须通过协调中心根据任务目标进行统一的规划和合作,

采用自上而下的建模方式。如果信息完备并保证协调中心的计算能力,通过协调中心的全局优化处理可以得到整个规划系统的最优结果。集中式协同机制可分为整数规划方法、智能优化算法和基于图论的算法三类。

(1) 整数规划方法主要应用数学理论和运筹学,通过设定任务目标函数,建立整数线性规划模型。Bays等人将集群任务分配问题等价于0-1整数线性规划任务分配问题来求解优化模型[55]。该方法求解效率高、简单、易实现,但是应用场景受到限制,只能应用于单机器人处理单任务的情况。

(2) 智能优化算法受生物群体行为的启发[56],主要分为群智能算法和进化算法两类。群智能算法有粒子群优化算法[57]、人工蜂群算法[58]和蚁群优化算法[59]等,而进化算法比较有代表性的是遗传算法[60]和模拟退火算法[61]。这些算法计算时间较短,优化性能高,但易陷入局部最优解,无法保证全局最优。为了改进这些缺陷,通常在解决实际应用问题的过程中将多种算法相结合,形成优化性能更高的新型算法[62]。

(3) 基于图论的算法是通过数学图论建模求解集群控制与任务分配问题[63]。Dibya等人将个体成员特性和任务用图示形式表达,并且利用图论方法建立二者的匹配关系,从而生成有效的协同控制方案[64];Kwok等人提出了偶图匹配模型和网络流模型的协同方法[65],这种方法具有表达清楚、直观的特点,但是只适用于少量个体成员和简单任务的情况。

2) 分布式协同机制

鉴于集中式协同机制严重影响多UUV系统协同的质量与效率,国内外学者尝试从集中式机制的相反方向来设计协同系统,采用自下而上的分布式协同机制,保证协同过程中系统整体的消耗代价最小,同时又满足多约束条件。分布式协同机制主要有基于行为、自组织理论和市场理论的方法。

(1) 基于行为的方法适用于个体成员具有较高智能性和自治性的集群系统。目前的典型代表有Alliance和BLE[66],它们都是通过在行为层实现任务分配和自主协同控制。Zhang等人提出了一种新的基于行为的任务分配IQ-ASyMTRe[67],通过将环境和信息感知映射到行为模式来获取信息流,实现多机器人集群的协同控制。该方法在实践中已经表现出强大的实时性和容错性，但是无法实现全局最优，集群协同效果难以保证。此外，Liu 借助集群质心的概念，建立了基于任务空间的协同控制方案来调节集群行为[68]。

（2）自组织理论。由于分布式协调合作与自组织神经网络在结构和原理上具有相似性，国内外学者将自组织映射（self-organizing map，SOM）应用到多机器人领域。朱大奇等人首次将速度合成算法和 SOM 算法相结合，研究多 AUV 系统在三维时变海流环境中的任务分配与路径规划问题[69]，实现了任务量的均衡优化。但是该算法是建立在水下环境和 AUV 动态运动的理想条件之上，对实际的水下协同应用来说算法的实用性有所降低。此外，他们引入了栅格信度函数实现对 SOM 的权重更新[70]，使得每个 AUV 在运动过程中能够自动规避障碍。

（3）市场理论起源于经济学，通过模拟市场流通属性，完成多机器人之间的协商来决定个体动作，实现群体作业目标，主要代表为拍卖算法[71]和合同网协议（contract net protocol，CNP）[72]。其中，拍卖算法本质上属于搜索树算法。姜丽梅提出了基于拍卖的分布式协作框架[73]，实现任务分配和重分配，并且能够适应复杂多变的水下动态环境，已经在水雷作业的执行过程中得到实践；光鑫等人在市场框架下设计基于拍卖算法的多水下机器人系统分布式控制方法[74]，且从理论上实现了对该框架的收敛性证明。CNP 是按照市场中的招标—投标—中标机制来完成各节点间的协商。沈林成等人设计了基于 CNP 的分布式结构以实现多无人机的协调[75]，通过 Petri 网建模方法分析了协商过程的正确性和协商结果的可行性；康凤举等人提出了一种自适应的改进合同网模型[76]，并且考虑了 UUV 运动的约束条件，实现了作业任务的快速分配和集群协同控制；顾浩等人提出了基于 Simulink/Stateflow 的 AUV 群体协作合同网原型的仿真方法[77]，实现了基于 Stateflow 的合同网协调模块与基于 Simulink 的 AUV 运动学模块的混合仿真。同时，CNP 改进方法，如熟人网（acquaintance network）模型，也被提出并应用到多机器人协同研究[78-79]。

另外，在多机器人分布式协调与规划研究中，国内外学者还提出了一些新颖的方法。例如,基于空闲链[80]、基于情感招募[81]、基于群体智能[82]的分布式协调机制,在应用过程中也取得了比较丰硕的研究成果,但这些方法在微小型UUV集群系统中还没有得到具体应用,需要进一步地深入研究。

1.3.3 信息融合

美国在UUV集群总体规划中确定了未来UUV集群优先考虑实现的4个能力:潜艇跟踪和追猎、海事侦察、水下搜索和调查,以及通信和导航援助。显而易见,信息融合是UUV集群实现这些能力的基础。水下信息融合利用个体不同时间和空间的信息资源,经过融合算法获得被测对象的状态估计,使系统获得相比于个体更优越的性能[83]。因此如何实现数据共享和融合是信息融合过程中发挥UUV集群优势必须要面对的问题。另一方面,由于水下环境的复杂性和未知性,水下各类静态与动态目标对UUV集群构成了潜在威胁,因此如何在早期预测跟踪未知的目标,具有重要意义,特别是在水下目标跟踪中显得尤为重要[84]。对于微小型UUV集群协同的目标跟踪来说,主要研究内容包括目标运动模型和跟踪滤波算法。

运动模型是目标跟踪的关键问题[85-86],既要符合目标运动实际,又要便于数学处理。目前就目标运动模型而言国内外进行了许多研究,主要运动模型有匀速(constant velocity,CV)模型、匀加速(constant acceleration,CA)模型、协同转弯(coordinated turn,CT)模型、辛格(Singer,SG)模型和当前统计(current statistical,CS)模型,以及交互式多模型(interacting multiple model,IMM)。其中IMM模型由Blom和Bar-Shalom等人首先提出[87],通过马尔可夫链过程描述模型间的转换,利用滤波输入输出加权实现交互式算法。该模型具备自适应能力,已经在水下目标跟踪中得到广泛应用。

跟踪滤波算法的目标是估计当前和未来时刻目标位置、速度和加速度等运动状态[88]。线性系统主要的滤波算法有线性回归滤波、两点外推滤波、加权最小二乘法和卡尔曼滤波等方法。在实际应用过程中具体采用哪种算法,取决于先验知识掌握的多少。但是水下多 UUV 协同过程中的目标跟踪问题本质上都是非线性的,主要是因为水中传感器比空中探测设备的测量精度要低很多,而且受传播介质,特别是海流和浪涌的影响,水声信号传递速度慢,系统的可观性比较差,导致线性滤波算法不能很好地解决跟踪问题,因此非线性滤波算法成为了研究重点。非线性滤波算法主要有扩展卡尔曼滤波[89]、无迹卡尔曼滤波[90]和粒子滤波[91]等方法。其中,基于贝叶斯估计和蒙特卡罗理论的粒子滤波算法,以处理非线性、非高斯信号能力强的优势成为动态系统状态估计的研究热点。

1.4 MAS 建模与仿真理论基础

建模与仿真(modeling and simulation, M&S)是认识世界的一种研究范式。多智能体(multi-agents, MAS)建模与仿真理论是一种用于描述、构建和分析智能体系统的方法论。它将系统视为多个自主智能体的集合,通过建模智能体(Agent)的行为、交互和环境来分析和设计系统。该方法强调智能体的自主性、适应性和协作性,以实现系统的整体目标。随着分布式人工智能技术的蓬勃发展,MAS 建模与仿真技术已成为研究复杂系统的重要工具,广泛应用于交通、物流、生物、经济及军事等领域。(注意:书中 Agent 的中文译名为"智能体",在不同章节中为便于叙述,一部分采用"Agent",另一部分采用"智能体",含义相同。)

1.4.1 理论概述

美国麻省理工学院(MIT)著名计算机学家及人工智能学科创始人之一的 Minsky 于 1988 年在他的著作 *Society of Mind* 中首次提出"Agent"的概念[92]。此后,Agent 理论、技术和方法,特别是 MAS 理论和技术,得到了前所未有的快速发展,为分布式系统的分析、设计和实现提供了一个崭新途径。MAS采用自下而上的方法,由多个交互的Agent构成一个松散耦合的网络,适应复杂、动态、开放的环境,用以实现特定目标或任务,具有自主性、分布性、协作性、并发性等特点。目前,MAS已成为分布式人工智能研究领域的热点,吸引了众多学者的目光并不断深入研究拓展MAS理论。国际自主代理和多代理系统基金会(International Foundation for Autonomous Agents and Multiagent Systems)作为一个非营利学术组织,截至2023年已经成功在美国和中国等地连续举办了22届国际学术会议,开展了人工智能、自治智能体、MAS系统在数据挖掘、网络安全、自主机器人、城市交通系统等领域的研究,促进了MAS理论和技术研究的深入[93-94]。美国专门成立了实验室(Multi-Agent Systems Lab),在MAS理论、技术与应用等方面成绩斐然。英国伦敦帝国理工学院Jennings编著了 *Intelligent Agent* 和 *Multi-Agent systems for Manufacturing Control* 等多部著作,详细讨论了MAS理论原理与工程应用[95]。

国内研究Agent、MAS理论与方法虽然起步较晚,但中国仿真学会、中国计算机学会、中国人工智能学会等学术组织围绕MAS一致性、MAS建模范式与语言、MAS协调与合作、复杂系统Agent建模、Agent强化学习、MAS形式化描述等方向展开了深入研究。国内专家学者也相继出版多部研究著作[96-98],如《分布式多智能体网络一致性协调控制理论》《群体智能与多Agent系统交叉结合:理论、方法与应用》和《多智能体机器人系统信息融合与协调》等,从不同角度和应用领域推动MAS理论的向前发展。

1.4.2 关键技术

MAS建模与仿真关键技术包括系统结构与形式化描述、Agent行为学习、MAS协调与合作、信息融合等方面。

1. 系统结构与形式化描述

Agent是MAS的基本组成单元,也是MAS研究的基础。目前,研究

Agent建模的方法主要有基于符号逻辑（symbolic-logic-based，SLB）、基于对策（game-theory-based，GTB）和基于行为主义（behaviorism-based，BB）三大方向。

SLB借助人类思维角度，通过引入模态算子以多模态逻辑为工具来研究Agent的各种信念、意图、承诺等高级认知结构和理性行为，主要代表模型是信念-愿望-意图（belief-desire-intention，BDI）模型。BDI模型可生动地描述Agent"曾经做过""希望去做"以及"怎么做"，体现Agent的自主、反应、规划及面向目标和环境等特点，已成为Agent模型研究的重点。Meneguzzi等人将自动规划与BDI系统结构相结合[99]，提出多种模式的推理语言以提高BDI推理的效率。Visser等人探讨了用"偏好"思维来指导BDI模型的执行过程，这里的"偏好"是根据目标属性和资源使用来指定的，并提出了一种"偏好"BDI框架[100]。Lejmi-Riahi等人提出了概念情感模型Emotional BDI[101]，利用直接情感和预期情绪等情感模型实现过程决策。顾国昌等人给出神经逻辑BDI模型的语言、语义、公理和演绎规则[102]，证明了其逻辑系统的可靠性和完备性，并应用于AUV运动控制的逻辑推理。

GTB将研究人类社会交互的对策论作为数学研究工具，包括各类最优化技术和智能计算方法。这些方法用目标、约束等表达式为Agent固定可行区域，利用数学建模刻画Agent的系统结构和自主行为。Coffey等人利用对策论设计了结构、模式、行为一体化融合的Agent模型[103]，能够根据环境变化自动调整行为。此外，Goldman等人也运用对策论建立了Agent的静态交互模型[104]。但是基于对策论的方法在具体应用过程中难以直接刻画信念、意图等高级认知结构，在实际过程中其应用受到了限制。

BB以MIT教授Brooks提出的基于行为的系统分析与设计为基础，通过感知与行动实现Agent在现实世界中的各种功能。进一步，Barry等人提出基于行为系统的最小性、无序状态和强壮性三个基本原则。其中最小性表示系统应尽量简单，以便与环境快速交互，无序状态表示基于行为的Agent没有外部环境状态模型，强壮性表示Agent能够适应实际环境中所遇到的不确定性。目前典型的模型有Subsumption Agent模型[105]和MARS Explorer-Agent模型[106]。该类设计方法虽然结构简单,但在实际应用中非常高效,甚至解决了一些传统符号方法难以解决的问题。

以上三种方法各有优势,将其中两个或三个进行结构与功能融合,可以克服彼此缺陷,这也是它们未来发展的方向之一。

Agent 形式化描述以数学图论、时态逻辑、自动机和进程代数等数学理论为基础,建立描述系统结构、性质及实体之间交互关系的形式化模型,并利用形式化验证对模型或系统的相关特性和逻辑进行分析。Wu 等人提出了目标描述逻辑形式化方法,并提出了一种 Agent 概念模型[107];Lumb 等人提出了基于本体(ontologies)的表达方法 XML(extensible markup language,即可扩展标记语言)[108],实现了对 Agent 内部知识的表达和传递;Osterloh 等人提出了一个用于描述基于 Agent 动态分布式合作系统的形式化语言(DCoS-XML)[109],并通过图形化工具显示设计模式;李雄等人设计了一套用于 Agent 交互链建模的符号规则体系,并对交互链图形表达式进行了深入研究[110]。

2. Agent 行为学习

Agent 的智能性是 MAS 建模的本质特征之一,而 Agent 的行为学习能力是这种特征的重要体现。在 MAS 中,由于外界复杂环境的动态变化,如果 Agent 没有学习能力,将无法适应环境;如果多 Agent 群体没有相互学习的能力,将无法完成共同的任务。在 Agent 的行为学习过程中最为核心的问题是如何使 Agent 在未知或者变化的环境中自主、动态地组织它的行为。目前,Agent 行为学习主要分为随机搜索和强化学习两类[111]。

随机搜索是一种受自然现象和物理过程启发而逐渐发展起来的随机优化算法。强化学习通过奖赏和惩罚函数引导,是一种以状态反馈为输入的无模型学习方法,其不需要精确的环境模型和完备的专家先验知识,可通过与环境交互实现决策能力和行为能力的学习,已成为解决智能体行为策略寻优问题最有效的工具之一,在多机器人合作、多目标观测、搜索与覆盖等领域获得了广泛的应用[112-113]。个体 Agent 应用强化学习作出行为决策的基本原理是:Agent 某种策略导致环境状态的反馈为正反馈,则通过奖励以增大选择这种策略的概率;Agent 某种策略导致环境状态的反馈为负反馈,则通过惩罚以减少选择这种策略的概率[114]。而多 Agent 的强化学习比单 Agent 的强化学习更加复杂,并不是单 Agent 强化学习的简单叠加,而是直接依赖于多个 Agent 的交互与学习[115]。

此外,在 Agent 行为学习机制研究过程中还出现了假设回合、贝叶斯学习、博弈论学习等方法[116]。

3. MAS 协调与合作

MAS 协调与合作是 MAS 建模与仿真研究的核心问题,产生于 Agent 信息、资源、环境的分布特性及它们之间的交互关系,主要研究多 Agent 之间及 Agent 与环境之间如何协调与合作,以实现整体效能最优。多 Agent 协调与合作研究已成为国内外分布式人工智能领域研究的焦点,相继涌现出黑板模型、合同网(contract net protocol,CNP)、基于对策论的协商和通用部分全局规划等为典型代表的模型和方法。

黑板模型是一种并行分布式协调计算模型,其将求解问题的知识离散化为不同粒度和结构松散的信息源,利用这些信息融合实现问题求解[117]。这种机制非常利于多 Agent 系统实现智能化与协作化,其优势是集中控制、数据共享和效率较高,而其中集中控制的调度算法往往成为系统协调计算的瓶颈。

合同网是由 Smith 在分布式问题求解过程中提出的方法,其基本原理是 Agent 之间通过模拟市场竞争机制,通过对标值的调整得到任务分配的全局最优解[118-120]。目前已经在卫星系统、编队控制、任务分配等方面得到广泛应用[121]。该方法能够动态协调 Agent 与资源之间的任务分配与负载平衡,但也存在通信消耗量大和协调结果优化差等缺点。因此,许多新的合同网模型被提出来以解决这些问题,如 Yuan 等人将神经网络引入到 CNP 中进行投标价格的评定[122],王茜竹等人提出了一种将心智模型与扩展合同网机制结合的半自治多任务协调方法[123],Liang 提出了一种扩展合同网任务协调模型[124],设计圆形信任区域的招标策略以缩小发标范围,并且构建了基于综合评判的中标策略以提高协商质量。

基于对策论的协商方法的核心思想是兼顾个体利益与集体利益两个方面,通过 Agent 之间一对一直接协商,或通过直接指派活动在 Agent 间构建协作关系[125],具体协商的形式主要分为:对称协作、对称折中、非对称折中和冲突停止。该方法可以在 Agent 数量较少的情况下实现协调,但随着数量的增加,通信量增加,实时性会大幅度降低,直接影响协调质量与结果。

通用部分全局规划(generalized partial global planning,GPGP)是在部分全局规划的基础上提出的一种根据任务与环境之间适应关系构建协调模型的方法[126],通过不断更新和演化 Agent 心智状态的有用信息和任务环境的总体结构,实现任务之间的协调与合作。Decker 等人在 GPGP 的基础上还创建了 GPGP 的通用框架 TAEMS(task analysis,environment and simulation,即任务分析、环境与仿真),可以很好地实现 GPGP 的可计算性、领域无关性和可扩展性。但在 TAEMS 框架下 Agent 仅考虑全局利益,不会考虑个体利益,因此在实际的活动规划中受到限制。为此,张方于等人引入角色关系分析和激励/惩罚机制对 GPGP 进行改进,改进后能够处理智能群体合作的协调、规划与控制[127];黄磊等人在传统的 GPGP 机制中引入了图论思想[128],通过建立有向图,标识出完整的依赖关系,进而解决集群协调问题。

4. 信息融合

MAS 信息融合主要利用 Agent 的自主性、分布性和协作性等特性,实现对复杂难以预测的问题的处理,可以随环境变化修改自己的目标和行为,最终实现多 Agent 系统信息共享。因此,构建 MAS 信息融合框架和深化融合技术发展成为 MAS 建模与仿真的关键技术之一[98,129]。

Agent 在空间、时间、功能、资源上的分布性构成了多 Agent 信息融合的基础。空间分布性:Agent 通过空间离散与分布为系统提供源源不断的信息,为全方位、立体化了解全局态势提供支撑。时间分布性:Agent 能够覆盖大范围的时间跨度,提供不同时间粒度的信息。功能分布性：Agent 的类型可以各不相同,同构或异构,即在功能上呈现出差异性和多样性。资源分布性：Agent 融合不同领域的决策、规划功能及专家先验知识,实现对环境中不同时空、不同维度上知识的利用。

在 MAS 信息融合系统中,每个 Agent 在空间、时间、功能、资源分布的基础上实现局部环境观测,以此产生各自的意图;融合中心利用不同 Agent 的意图进行综合处理与分析,继之实现全局态势信息的收集;行为决策利用专家先验知识、机器学习、神经网络等对全局态势作出分析,给出全局决策和规划,最终通过协调它们的功能、资源、意图及规划,给出具体自主行动。目前,多 Agent 信息融合是 MAS 建模与仿真研究的热点。

1.4.3 应用分析

MAS 建模与仿真技术作为一种有效集成计算机技术、分布式人工智能、系统建模与仿真等多种学科最新成果的方法,已成为研究复杂系统的强大工具。它利用 Agent 进行元模型、元元模型的构建,对交互、并发、自治实体构成的系统进行自然描述,通过自下而上的形式对元模型微观行为进行聚合实现整个宏观系统的涌现建模。相比传统复杂系统建模方法,该方法在建模的灵活性、层次性和直观性方面具有明显的优势。目前,MAS 建模与仿真技术已经广泛应用于智慧交通、智能制造、电网配送、社交网络、疾病传播、经济系统、教育培训等多个领域,并不断向军事作业建模领域渗透。

(1) 智慧交通。利用 MAS 建模不同交通流量情况[130]和智能交通信号系统[131],分析交通流量和车辆排队等因素,制定合理的交通流量控制与优化策略,如调整信号灯时间、设置可变车道等,减少拥堵并提升通行效率。此外,结合神经网络、机器学习等技术,MAS 技术可扩展到车辆协同驾驶、停车场管理、公共交通优化、交通事故预警及交通基础设施养护等应用场景[132-133]。

(2) 智能制造。将不同的生产单元、设备、工程建模成不同粒度的

Agent[134],设计 MAS 分布式的智能化调度平台,可完成生产线优化、质量控制与缺陷检测、设备维护与管理、能源管理和工厂布局,以及供应链协同等复杂任务,还可以通过 MAS 协调物料采购、生产计划和物流配送等环节,提升生产效率,节能减排[135]。

(3)电网配送。利用 MAS 时空分布性的建模优势[136],管理和优化大规模分布式能源的接入和配送,进行负荷预测和电力调度,并实时监测电网设备的状态和运行数据,增强电网的可靠性和稳定性,提升运行效率和能源利用效率[137]。此外,随着电动汽车数量的爆炸式增加,MAS 还可以用于管理电动汽车的充电需求和电网负荷,避免高峰时段对电网的冲击[138-139]。

(4)社交网络。随着移动新媒体的快速发展,通过分析用户的兴趣、行为和社交关系[140],智能体可以用于构建个性化的推荐系统,对商家品牌推广、市场营销和信息传播具有重要意义。同时,利用 MAS 构建社交情绪分析和虚假信息检测系统,可帮助执法部门快速检测和识别社交网络中的虚假信息、谣言等[141]。

(5)疾病传播。结合流行病学数据、人口流动信息和社交网络结构等[142],基于 MAS 建模技术构建疾病预测模型,预测疾病的传播趋势、爆发可能性及潜在的高风险区域,为公共卫生决策提供依据。例如,在 2020 年爆发新冠病毒感染期间,Possik 等人基于 Agent 分布式技术与虚拟现实,构建了 COVID-19 智能监控病房[143],展现了 MAS 在疾病传播研究领域的巨大潜力。

(6)经济系统。将金融市场中的参与者(如投资者、交易者、金融机构等)表示为智能体,每个智能体具有自己的决策规则和行为策略。通过 MAS 模拟决策过程,研究市场的演化和动态,在此过程中还可以利用神经网络和遗传算法来训练和优化智能体的决策策略[144]。在实际应用中,通常需结合金融理论、数据分析和实践经验进行综合分析[145]。

(7)教育培训。MAS 信息化技术可实现个性化与互动性学习,根据学生的特点和需求,模拟真实互动场景,例如小组讨论、角色扮演等,增强学生的实践能力[146]。另一方面,基于 MAS 的学情监测平台,可实时监测学生学习,收集学习过程数据,有利于教师根据学生的表现和反馈调整教学策略[147]。此外,随着国家教育数字化战略的实施,MAS技术还可以支撑远程教育和移动学习,打破时间和空间限制,促进教育公平[148]。

(8) 军事应用。基于MAS开发了多个军用建模仿真系统[149],例如不可约半自治自适应作战(irreducible semi-autonomous adaptive combat,ISAAC)试验系统和增强型ISAAC神经模拟工具包(enhanced ISAAC neural simulation toolkit,EINSTein),并应用于恐怖主义活动监测[150]、计算机生成兵力[151]和作业仿真与模拟训练[152]等。此外,围绕作业模型逼真度、多分辨率建模、作战模拟仿真系统,以及资源调度与优化等方面也有相应研究[152-155]。

1.5 基于MAS的多UUV协同研究现状

1.5.1 集群协同理论

对于多UUV系统的协同控制而言,主要分为集中式和分布式两类。集中式协同控制必须通过协调中心依据目标进行统一规划,采用自上而下的建模方式,如果信息完备并保证协调中心的计算能力,则通过中心的全局优化可以得到整个规划系统的最优结果。但是该类方法往往通过性能指标将多UUV协调过程变换为数学的优化问题,容易陷入局部最优,与实际应用场景不符。同时UUV节点的增加,容易引起系统结构的混乱,导致系统稳定性严重下降。鉴于上述问题,国内外学者从集中式协调控制的相反方向来设计控制策略,采用自下而上的分布式协调控制进行研究。

现有分布式协同控制研究成果主要是基于MAS理论提出了一致性理论方法、领航跟随方法、虚拟结构法等。

在一致性理论方法方面,Saboori等人设计了基于定向拓扑网络的同构MAS线性时变一致性方法,并将其应用于UUV集群速度一致性的分布式控制模型设计[156]。严卫生等人基于无源性理论与一致性跟踪原理,建立了在仅有部分 AUV 获取编队速度信息情形下的编队控制方法,并应用嵌套马特罗索夫定理证明了整个闭环系统的稳定性[157]。该类方法借助离散数学、图论模型等计算手段,实现多 UUV 的编队控制、路径跟踪等应用。但是这些方法都是建立在水下理想通信的基础上,往往忽略了环境效应约束的非线性耦合因素对集群协同控制的影响。

在领航跟随方法方面,Cui 等人采用参考轨迹跟踪设计多欠驱动水下自主航行器的领航跟随协同控制方法,并利用近似控制技术完成对不确定性参数和未知环境扰动的优化与处理[158]。徐德民等人利用领航者与跟随者间相对距离量测信息,构建双领航多 AUV 系统共圆情况下的最优队形,并利用梯度下降算法进行迭代实现不共圆情况下的优化队形[159]。该类方法的优势在于仅需要知道领航者的运动状态即可实现群体控制,但是不容易知道跟随者的运动反馈,尤其是在以海洋噪声为主的弱通信条件下出现数据丢失、通信中断等情况时。

在虚拟结构法方面,Subudhi 等人基于模糊人工势场函数构建了虚拟领航跟随协调控制策略,并且在非结构环境下针对无水下障碍和有水下障碍两种情况分别完成了 AUV 集群控制[160]。严浙平等人建立了基于图论与虚拟结构的具有刚体特性的通信机制,利用自适应反步控制实现 UUV 集群趋向目标的跟随控制[161]。唐功友等人采用一致性算法与虚拟结构实现了不一致参考信息条件下的自主水下航行器小尺度编队控制,并确保 AUV 能在有限时间内快速、准确地跟踪期望轨迹[162]。此外朱大奇等人还将虚拟领航法与人工市场法结合来研究 AUV 编队控制与避障控制[163]。该类方法将 UUV 集群看作 UUV 个体位置相对固定的虚拟结构,环境适应能力相对较弱,而且在编队保持平衡的过程中存在局部最小值的问题。

1.5.2 仿真建模技术

由于水下环境的特殊性,与地面和空中的无人系统研究相比,UUV 集群湖试、海试实验较难实现，借助基于相似原理的分布式仿真进行高可信度和高逼真度的模拟成为研究此类系统的重要手段。MAS 分布式仿真可将分布的仿真设备和模型通过协调一致的网络有机地连为一个整体，形成一个可交互、时空一致的仿真环境。由于仿真研究对象的复杂程度不断提高，基于 MAS 的仿真技术已成为分布式仿真的热点。该技术可发挥 Agent 元模型、元元模型强大的描述功能进行系统概念建模和计算建模，利用通信协议与建模语言建立仿真模型，并借助校核、验证与验收技术（verification validation and accreditation，VV&A）完成仿真结果的分析与反馈。

目前，国内外学者在基于 MAS 的多 UUV 系统仿真领域进行了一些探索研究。美国麻省理工学院 Paull 等人运用 MAS 协商和通信机制实现多 AUV 系统的协同定位估计，并且解决了水下通信网络的时间延迟和丢包率高的问题[164]。美国佛罗里达大西洋大学 Deng 等人为了解决复杂约束条件下多 UUV 系统的任务分配和路径规划问题，提出了一种基于定位辅助的 MAS 任务分配框架，并通过基于网格的多目标最优规划实现通信量最小[165]。意大利热那亚大学 Bruzzone 等人致力于构建一种基于 Agent 驱动的异构仿真环境，该环境包括 UUV、水下潜艇平台、水面无人船和 GPS 卫星等仿真作业实体，实现对系统结构、管理过程和人为因素的综合分析[166]。英国赫瑞-瓦特大学 Frost 等人将 Agent 增强学习机制应用在基于行为结构的 AUV 路径规划设计中，利用相对应的奖励/惩罚规则，通过状态-行为实现路径规划[167]。日本东海大学 Watanabe 等人设计了一个通用化的 MAS 仿真支撑环境及半实物仿真平台，可满足 UUV 系统的水声传感器、推进器、能源及 CCD 相机的测试工作[168]。印度雷瓦大学 Manvi 等人提出了面向 Agent 聚类的事件驱动的节能水声传感器网络，用于监控领域海洋环境和探测敌方目标（动态或静态对象）的仿真研究[169]。

中国科学院沈阳自动化研究所许真珍等人针对 AUV 设计不支持协同设计的缺陷，构建基于浏览器和服务器结构（browser/service，B/S）模型的 AUV 设计平台，利用 XML 实现复杂结构设计流程的信息存储，并提出基于移动

Aglet 平台的 Agent 任务调度方案[170]；另外，针对异构多 UUV 协作控制，提出了基于 MAS 的分层系统结构，并设计了 Petri 网结构的协作模型[52]实现降低系统建模复杂性的目的。严浙平等人针对无人水下航行器的海洋勘测任务，提出了一种基于多智能体的自主控制技术，并采用离散事件驱动的 Petri 网形式完成使命控制过程的仿真建模[171]。顾国昌等人在 Agent 信念-愿望-意图模型的基础上，提出了包含感知区、反射区和慎思区的 AUV 心智模型，并搭建多 UUV 编队穿越未知雷区的仿真支撑环境进行性能验证[172]。西北工业大学康凤举等人针对多 UUV 集团攻击的水下网络战的建模需求，提出了智能仿真的概念，初步构建了一种基于 MAS 的 UUV 编队作业仿真系统，为 UUV 智能仿真及其作业效能评估提供了技术支撑，此外还提出了面向多智能体 UUV 协同系统的 CNP 任务分配模型，实现通信规模在招标、投标和中标各个阶段递阶式减小，并对该过程进行了三维可视化仿真研究[173]。

1.5.3 存在的问题

微小型 UUV 集群是一个实体、系统、任务和环境等相互耦合、相互影响的复杂无人系统。传统建模与仿真方法已经不能适应该类复杂系统的研究，而且已有 MAS 方法虽然在多 UUV 系统中得到应用，并获得了一定理论研究成果，但是围绕 MAS 建模理论和微小型 UUV 集群协同建模仿真研究，仍然存在以下不足：

（1）国内多数 MAS 理论方法研究侧重于理论研究、概念分析和框架设计等简单模型和方法，与国外已经能达到实际工程应用的步伐相比还需要不断进行理论创新。

（2）已有的微小型 UUV 集群基于 MAS 的建模过程中没有很好地刻画出单体智能性和群体协同性及其之间的耦合关系，致使建模仿真精度较低，且建模描述方法欠完善。

（3）缺乏基于 MAS 建模的分布式仿真系统研究。已有仿真系统被零散地提出来实现具体应用，没有综合地对微小型UUV集群智能化与协同化建模进行仿真验证，更是很少研究三维可视化仿真及其逼真度评估技术。

1.6 小结

海洋作为人类生存的战略空间蕴藏着丰富的资源，已成为世界各国发展海洋经济、创新海洋装备、维护海洋权益和开展国际合作的重要场所。UUV作为一种高新技术海洋工程装备，是进入海洋、认识海洋和开发海洋的重要利器。本章围绕微小型UUV集群这一颠覆性技术，详细阐述了国内外典型微小型UUV集群协同的主要内容，分析了MAS建模与仿真理论的关键技术与应用领域，概括了基于MAS的多UUV系统协同的建模与仿真及应用。

参考文献

[1] 习近平.高举中国特色社会主义伟大旗帜 为全面建设社会主义现代化国家而团结奋斗——在中国共产党第二十次全国代表大会上的报告[EB/OL].(2022-10-25)[2024-03-19].https://www.gov.cn/xinwen/2022/10/25/content_5721685.htm.

[2] SHI Y,SHEN C,FANG H Z,et al. Advanced control in marine mechatronic systems：A survey [J]. IEEE-ASME Transactions on Mechatronics,2017,22(3)：1221-1131.

[3] 喻俊志,吴正兴,谭民.水下仿生智能机器人[M].北京：科学出版社,2020.

[4] 刘乐华,赵蛟龙,巩天成.美国无人水下系统发展趋势分析[J].数字海洋与水下攻防,2019,2(1)：18-23.

[5] SINGH R,SARKAR P,GOSWAMI V,et al. Review of low-cost micro remotely operated underwater vehicle[J]. Ocean Engineering,2022,266,112796.

[6] LI J Q,ZHANG G Q,JIANG C Y,et al. A survey of maritime unmanned search system：Theory,applications and future directions[J]. Ocean Engineering,2023,285,115359.

[7] 吴校生.水下微小无人机集群发展综述[J].数字海洋与水下攻防,2020,3(3)：192-197.

[8] JI D X,CHENG H F,ZHOU S,et al. Dynamic model based integrated navigation for a small and low cost autonomous surface/underwater vehicle[J]. Ocean Engineering,2023,276,114091.

[9] FISCHELL E M, KROO A R, NEILL B W. Single-hydrophone low-cost underwater vehicle swarming[J]. IEEE Robotics and Automation Letters, 2020, 5(2): 354-361.

[10] 潘光, 宋保维, 黄桥高, 等. 无人水下系统发展现状及其关键技术[J]. 无人水下系统学报, 2017, 25(2): 44-51.

[11] 陈健瑞, 王景璟, 侯向往, 等. 挺进深蓝: 从单体仿生到群体智能[J]. 电子学报, 2021, 49(12): 2458-2467.

[12] PETERSEN K H, NAPP N, SMITH R S. A review of collective robotic construction[J]. Science Robotics, 2019, 4(28): eaau8479.

[13] JAFFE J S, FRANKS P J, ROBERTS P L, et al. A swarm of autonomous miniature underwater robot drifters for exploring submesoscale ocean dynamics[J]. Nature Communications, 2017, 8(1): 1-8.

[14] Department of Defense. Unmanned System Integrated Roadmap FY 2017-2042[R]. Washington: DoD, 2018.

[15] 国务院印发《新一代人工智能发展规划》[N]. 人民日报, 2017-07-21(1).

[16] 张伟, 王乃新, 魏世琳, 等. 无人水下潜航器集群发展现状及关键技术综述[J]. 哈尔滨工程大学学报, 2020, 41(2): 289-294.

[17] 李硕, 刘健, 徐会希, 等. 我国深海自主水下机器人的研究现状[J]. 中国科学(信息科学), 2018, 9: 1152-1164.

[18] 梁洪涛. 面向免疫智能体交互网络的多UUV协同作业系统建模研究[D]. 西安: 西北工业大学, 2017.

[19] 张阳, 司光亚, 王艳正. 无人集群作业建模与仿真综述[J]. 电子信息对抗技术, 2018, 33(3): 30-36.

[20] WU J H, YU Y Z, Ma J, et al. Autonomous cooperative flocking for heterogeneous unmanned aerial vehicle group[J]. IEEE Transactions on Vehicular Technology, 2021, 70(12): 12477-12490.

[21] ZITOUNI M S, SLUZEK A, BHASKAR H. Visual analysis of socio-cognitive crowd behaviors for surveillance: A survey and categorization of trends and methods[J]. Engineering Applications of Artificial Intelligence, 2019, 82: 294-312.

[22] LIANG H T, FU Y F, GAO J. Bio-inspired self-organized cooperative control consensus for crowded UUV swarm based on adaptive dynamic interaction topology[J]. Applied Intelligence, 2021, 51: 4664-4681.

[23] 钟宏伟. 国外无人水下行器装备由于技术现状展望[J]. 无人水下系统学报, 2017, 25(4): 215-225.

[24] MANLEY J, ALTSHULER T, MESSNERW. Unmanned maritime vehicles: New options for ocean operations[J]. AutonomousTechnologies: Apphcatiom That Matter, SAE/AUVSI, 2014.

[25] 刘星璇, 范学满. 微小型无人潜航器(UUV)研究现状及应用分析[J]. 信息系统工程, 2021(8): 137-139.

[26] BLACKWOOD D. Seabed observation & sampling system[J]. Sea Technology, 2001:

39-43.

[27] MOORE S E,HOWE B M,STAFFORD K M,et al. Including whale call detection in standard ocean measurements:Application of acoustic Seagliders[J]. Marine Technology Society,2007,41(4):53-57.

[28] ALEXANDRAH T,FRANZS H,MICHAELS T. Separation and Turbulence control in biomimetic Flows[J]. Flow,Turbulence and Combustion,2003,71:105-118.

[29] MURASHIMA T. Thin cable system for ROV and AUV in JAMSTEC[C]//IEEE Oceans Conference Record,JAMSTEC,Japan. 2003:2695-2700.

[30] Claustre H,Beguery L. SeaExplorer glider breaks two world records[J]. Sea Technology,2014,55:19-21.

[31] 王扬威,王振龙,李健. 微小型水下仿生机器人研究现状及发展趋势[J]. 微特电机,2010,38(12):66-69.

[32] 唐冲. 波动鳍推进水下作业机器人视觉定位与自主控制研究[D]. 北京:中国科学院大学,2019.

[33] "海鳗"号50公斤级便携式自主水下航行器研制成功[J]. 科技成果管理与研究,2017,3:1-3.

[34] 杨绍琼,李元昊,孙通帅,等. "海燕"号谱系化水下滑翔机技术发展与应用[J]. 无人水下系统学报,2023,31(1):68-85.

[35] 王松,王田苗,梁建宏,等. 机器鱼辅助水下考古实验研究[J]. 机器人,2005,27(2):147-151,172.

[36] LI L,WANG S Q,ZHANG Y Y,et al. Aerial-aquatic robots capable of crossing the air-water boundary and hitchhiking on surfaces[J]. Science Robotics,2022,6:eabm6695.

[37] 李硕,吴园涛,李琛,等. 水下机器人应用及展望[J]. 中国科学院院刊,2022,37(7):910-920.

[38] 吴正兴. 仿生机器鱼三维机动与滑翔运动控制研究[D]. 北京:中国科学院大学,2015.

[39] 王鹏. 仿生机器水母推进理论与实验研究[D]. 哈尔滨:哈尔滨工业大学,2014.

[40] AQUABOTIX SWARMDIVER. A micro drone for ocean swarming[EB/OL]. (2018-04-10)[2024-03-19]. https://www.therobot.report.com/aquabotix-swarmdiver-ocean-swarming.

[41] JAFFE J S,FRANKS P J,ROBERTS P L,et al. A swarm of autonomous miniature underwater robot drifters for exploring submesoscale ocean dynamics[J]. Nature Communications,2017,8(1):1-8.

[42] SCHMICKL T,THENIUS R,MOSLINGER C,et al. CoCoRo——The self-aware underwater swarm[C]//2011 Fifth IEEE Conference on Self-Adaptive and Self-Organizing Systems Workshops. US:IEEE,2011.

[43] ANDREW W. Unmanned innovation:Boeing readies for increased autonomy[J]. International Defense Review,2016.

[44] 薛冬阳. 水下滑翔机编队协调控制与不确定性研究[D]. 天津:天津大学,2017.

[45] 梁洪涛,康凤举,傅妍芳. 面向无人水下作业系统的MAS建模与仿真研究综述[J]. 系统

仿真学报,2018,30(11):14.
[46] ENGEL R,KALWA J. Relative positioning of multiple underwater vehicles in the GREX project[C]//Proceedings of OCEANS,Bremen,2009.
[47] PAULL L,SETO M,LEONARD J J. Decentralized cooperative trajectory estimation for autonomous underwater vehicles[C]//2014 IEEE/RSJ International Conference on Intelligent Robots and Systems,2014:184-191.
[48] YOUSSEF E, ALESSIO T. Cooperative underwater mission: Offshore seismic data acquisition using multiple autonomous underwater vehicles[C]//2016 IEEE/OES Autonomous Underwater Vehicles(AUV),2016,11:6-9.
[49] XING W,ZHAO Y X,HAMID R K. Convergence analysis on multi-AUV systems with leader-follower architecture[J]. IEEE Access,2017,5:853-868.
[50] CONTI R,MELI E,RIDOLFI A,et al. An innovative decentralized strategy for I-AUVs cooperative manipulation tasks[J]. Robotics and Autonomous Systems,2015,72(10):261-276.
[51] 许真珍,李一平,封锡盛.一个面向异构多UUV协作任务的分层式控制系统[J].机器人,2008,30(2):155-159.
[52] 肖坤,由光鑫,姜大鹏,等.多AUVS协作分布式控制[J].哈尔滨工程大学学报,2007,28(5):491-495.
[53] LIANG Q W,SUN T Y,SHI L. Reliability analysis for mutative topology structure multi-AUV cooperative system based on interactive Markov chains model[J]. Robotica,2017,35(8):1761-1772.
[54] 杨盼盼,刘明雍,雷小康,等.群集系统分群行为建模与控制研究进展[J].控制与决策,2016,31(2):193-206.
[55] BAYS M J,TATUM R D,COFER L,et al. Automated scheduling and mission visualization for mine countermeasure operations[C]//OCEANS-MTS/IEEE Washington,2016.
[56] KENNEDY J. Swarm Intelligence[M]. Boston:Springer,2006.
[57] KENNEDY J,EBERHART R. Particle swarm optimization[C]//Proceedings of the IEEE International Conference on Neural Networks,Piscataway,NJ:IEEE,1995,1942-1948.
[58] MATHIYALAGAN P,SURIYA S,SIVANANDAM S N. Hybrid enhanced ant colony algorithm and enhanced bee colony algorithm for grid scheduling[J]. International Journal of Grid and Utility Computing,2011,2(1):45-58.
[59] DORIGO M, BIRATTARI M, STÜTZLE T. Ant colony optimization[J]. IEEE Computational Intelligence Magazine,2006,1(4):28-39.
[60] BAO B F,YANG Y,CHEN Q,et al. Task allocation optimization in collaborative customized product development based on double-population adaptive genetic algorithm[J]. Journal of Intelligent Manufacturing,2016,27(5):1097-1110.
[61] LIU Z,WANG H S,CHEN W D,et al. An incidental delivery-based method for resolving multirobot pairwised transportation problems[J]. IEEE Transactions on Intelligent Transportation Systems,2016,17(7):1852-1866.

[62] AVRAAM T T,LOUKAS P. Multi-objective optimization for dynamic task allocation in a multi-robot system[J]. Engineering Applications of Artificial Intelligence,2013,26(5-6):1458-1468.

[63] YANG Y,XIAO Y,LI T S. A survey of autonomous underwater vehicle formation: Performance,formation control,and communication capability[J]. IEEE Communications Surveys & Tutorials,2021,23(2):815-841.

[64] DIBYA B,MALA D. A new graph theory-based loss allocation framework for bilateral power market using diakoptics[J]. International Journal of Electrical Power & Energy Systems,2016,77:395-403.

[65] KWOK Y K,AHMAD I. Static scheduling algorithms of allocating directed task graphs to multiprocessors[J]. ACM Computing Surveys,1999,31(4):78-96.

[66] 周菁,慕德俊. 多机器人系统任务分配研究[J]. 西北大学学报(自然科学版),2014,44(3):403-410.

[67] ZHANG Y,PARKER L E. IQ-ASyMTRe: Forming executable coalitions for tightly coupled multirobot tasks[J]. IEEE Transactions on Robotics,2013,29(2):400-416.

[68] LIU Y C. Task-space coordination control of bilateral human-swarm systems[J]. Journal of the Franklin Institute,2015,352:311-331.

[69] ZHU D Q,HUAN H,YANG S X. Dynamic task assignment and path planning of Multi-AUV system based on an improved self-organizing map and velocity synthesis method in three-dimensional underwater workspace[J]. IEEE Transaction on Cybernetics,2013,43(2):504-514.

[70] 朱大奇,曹翔. 多个水下机器人动态任务分配和路径规划的信度自组织算法[J]. 控制理论与应用,2015,32(6):762-769.

[71] DONG L,ZAHEER S A,JONG-HWAN K. A resource-oriented,decentralized auction algorithm for multirobot task allocation [J]. IEEE Transactions on Automation Science and Engineering,2015,12(4):1469-1481.

[72] PANESCU D,PASCAL C. Holonic coordination obtained by joining the contract net protocol with constraint satisfaction[J]. Computers in Industry,2016,81:36-46.

[73] 姜丽梅. 弱通信条件下多AUV编队控制及协作机制研究[D]. 哈尔滨:哈尔滨工程大学,2012.

[74] 光鑫,姜大鹏,庞永杰. 多AUVs协作分布式控制[J]. 哈尔滨工程大学学报,2007,28(5):491-495.

[75] 龙涛,沈林成,朱华勇,等. 面向协同任务的多UCAV分布式任务分配与协调技术[J]. 自动化学报,2007,33(7):731-737.

[76] LIANG H T,KANG F J. Distributed task allocation modeling based on agent topology and protocol for collaborative system[J]. Optik,2016,127(19):7776-7781.

[77] 郝莉莉,顾浩,杨惠珍,等. Simulink/Stateflow的AUV群体协作合同网快速原型仿真[J]. 火力与指挥控制,2013,38(2):26-30.

[78] CHEN X,ZHANG L,LI W. A network evolution model for Chinese traditional

acquaintance networks[J]. IEEE Intelligent Systems,2014,29(5):5-13.

[79] VUKASINOVIC V,SILC J,SKREKOVSKI R. Modeling acquaintance networks based on balance theory[J]. International Journal of Applied Mathematics and Computer Science, 2014,24(3):683-696.

[80] BURDAKOV O,DOHERTY P,HOLMBERG K,et al. Relay positioning for unmanned aerial vehicle surveillance[J]. International Journal of Robotics Research,2010,29(8): 1069-1087.

[81] WU Y N,KITA K,MATSUMOTO K. Three predictions are better than one: Sentence multi-emotion analysis from different perspectives[J]. IEEJ Transactions on Electrical and Electronic Engineering,2014,9(6):642-649.

[82] DE O,DENISE F J,PAULO R,et al. A swarm-based approach for task allocation in dynamic agents organizations [C]//Proceedings of the Third International Joint Conference on Autonomous Agents and Multiagent Systems,AAMAS,2004,3:1252-1253.

[83] 党建武. 水下多目标跟踪理论[M]. 西安:西北工业大学出版社,2009.

[84] WADOO SA,KACHROOP. 自主水下航行器建模、控制设计与仿真[M]. 徐博,奔粤阳,译. 北京:国防工业出版社,2015.

[85] 王亮,胡卫明,谭铁牛. 人运动的视觉分析综述[J]. 计算机学报,2002,25(3):225-237.

[86] 张娟,毛晓波,陈铁军. 运动目标跟踪算法研究综述[J]. 计算机应用研究,2009,26(12): 4407-4410.

[87] BAR-SHALOM Y,CHANG K C,BLOM H A P. Tracking a maneuvering target using input estimation versus the interacting multiple model algorithm[J]. IEEE Transactions on Aerospace and Electronic Systems,1989,25(2):296-300.

[88] 张林琳,杨日杰,杨春英. 水下机动目标跟踪技术研究[J]. 声学技术,2011,30(1):68-73.

[89] STRONG B,BRUMLEY B. Lowered ADCP techniques applied to real-time navigation of a descending UUV[C]//IFAC Workshop on Navigation,Guidance and Control of Underwater, 2012,3(1):260-263.

[90] XU J,REN S,FENG X,et al. Comparing of LPC-EKF,LPC-UKF in UUV bearings-only tracking systems[C]//IEEE OCEANS-Sydney,2010:1-6.

[91] LIANG H T,KANG F J,WANG X D. Fuzzy adaptive algorithm for tracking underwater maneuvering target based on multiple passive sonar [J]. ICIC Express Letters,2014,8(8): 2223-2230.

[92] MINSKY. Society of Mind [M]. New York: Simon & Schuster,1988.

[93] ANCONA D,BRIOLA D,FERRANDO A,et al. Global protocols as first-class entities for self-adaptive agents[C]//Proceedings of International Joint Conference on Autonomous Agents and Multiagent Systems,AAMAS,2015,2:1019-1029.

[94] PUJOL M,CERQUIDES J,MESEGUER P. MAS-planes: A multi-agent simulation environment to investigate decentralized coordination for teams of UAVs[C]//Proceedings of the International Joint Conference on Autonomous Agents and Multiagent Systems,AAMAS, 2014,2:1695-1696.

[95] KOTA R,GIBBINS N,JENNINGS N R. Decentralized approaches for self-adaptation in agent organizations [J]. ACM Transactions on Autonomous and Adaptive Systems,2012, 7(1):119-126.

[96] 纪良浩,王慧维,李华青. 分布式多智能体网络一致性协调控制理论[M]. 北京:科学出版社,2015.

[97] 唐贤伦. 群体智能与多 Agent 系统交叉结合:理论、方法与应用[M]. 北京:科学出版社,2015.

[98] 范波,张雷. 多智能体机器人系统信息融合与协调[M]. 北京:科学出版社,2015.

[99] MENEGUZZI F,DE S L. Planning in BDI agents:A survey of the integration of planning algorithms and agent reasoning[J]. Knowledge Engineering Review,2015,30(1):1-44.

[100] VISSER S,THANGARAJAH J,HARLAND J,et al. Preference-based reasoning in BDI agent systems[J]. Autonomous Agents and Multi-Agent Systems,2016,30(2):291-330.

[101] LEJMI-RIAHI H,KEBAIR F,BEN S L. Agent decision-making under uncertainty: towards a new E-BDI agent architecture based on immediate and expected emotions [J]. International Journal of Computer Theory and Engineering,2014,6(3):254-259.

[102] 刘海波,顾国昌,沈晶,等. AUV 心智逻辑[J]. 计算机应用研究,2006,23(10):186-188.

[103] COFFEY A L,WARD T E,MIDDLETON R H. Game theory:a potential tool for the design and analysis of patient-robot interaction strategies[J]. International Journal of Ambient Computing and Intelligence,2011,3(3):43-51.

[104] GOLDMAN C V,ROSENSCHEIN J S. Evolutionary patterns of agent organizations[J]. IEEE Transactions on Systems,Man & Cybernetics,Part A,2002,32(1):135-148.

[105] LINSON A,DOBBYN C,LEWIS G E,et al. A subsumption agent for collaborative free improvisation [J]. Computer Music Journal,2015,39(4):96-115.

[106] WANG Y Y,LIN T C,TSAY C H H. Encouraging IS developers to learn business skills:An examination of the MARS model [J]. Information Technology & People, 2016,29(2):381-418.

[107] WU X G,ZENG G Z. Goals description and application in migrating workflow system [J]. Expert Systems with Applications,2010,37(12):8027-8035.

[108] LUMB L I,FREEMANTLE J R,LEDERMAN J I,et al. Annotation modeling with formal ontologies:Implications for informal ontologies [J]. Computers and Geosciences, 2009,35(4):855-861.

[109] OSTERLOH J P,BRACKER H,MULLER H,et al. DCoS-XML:A modelling language for dynamic distributed cooperative systems[C]//2013 IEEE International Conference on Industrial Informatics,2013,774-779.

[110] 李雄. 基于 Meta-Agent 交互链的作业系统建模研究[D]. 北京:中国人民解放军陆军装甲兵学院,2009.

[111] LIVIU P,SEAN L. Cooperative multi-agent learning:The state of the art [J]. Autonomous Agents and Multi-Agent Systems,2005,11:387-434.

[112] LI X N,MABU S,HIRASAWA K. A novel graph-based estimation of the distribution

algorithm and its extension using reinforcement learning[J]. IEEE Transactions on Evolutionary Computation,2014,18(1): 98-113.

[113] 段勇,徐心和. 基于多智能体强化学习的多机器人协作策略研究[J]. 系统工程理论与实践,2014,34(5): 1305-1310.

[114] 倪建军. 复杂系统多 Agent 建模与控制的理论及应用[M]. 北京:电子工业出版社,2011.

[115] GEORGILA K,NELSON C,TRAUM D. Single-agent vs. multi-agent techniques for concurrent reinforcement learning of negotiation dialogue policies[C]//Proceedings of 52nd Annual Meeting of the Association for Computational Linguistics,2015,1: 500-510.

[116] HELOULOU I,RADJEF M S,KECHADI M T. Automatic multi-objective clustering based on game theory[J]. Expert Systems with Applications,2017,67: 32-48.

[117] XU H,MANDAL S,PATTIPATI K R,et al. An optimization-based distributed planning algorithm: A blackboard-based collaborative framework[J]. IEEE Transactions on Systems,Man,and Cybernetics: Systems,2014,44(6): 673-686.

[118] LEE J,LEE S J,CHEN H M,et al. Composing web services enacted by autonomous agents through agent-centric contract net protocol[J]. Information and Software Technology,2012,54(9): 951-967.

[119] MENG W,HE Z R,TEO R,et al. Integrated multi-agent system framework: decentralised search,tasking and tracking[J]. IET Control Theory & Applications,2015, 9(3): 493-502.

[120] KIM H M,WEI W P,KINOSHITA T. A new modified CNP for autonomous microgrid operation based on multiagent system[J]. Journal of Electrical Engineering & Technology,2011,6(1): 139-146.

[121] 高黎,沙基昌. 基于合同网的分布式卫星系统任务优化分配研究[J]. 宇航学报,2009, 30(2): 815-820.

[122] YUAN Q D,GUAN Y,HONG B R,et al. Multi-robot task allocation using CNP combines with neural network[J]. Neural Computing and Applications,2013,23(7): 1909-1914.

[123] 王茜竹,赵春江,汪霞,等. 基于心智与扩展合同网的半自治多智能体任务分配[J]. 计算机集成制造系统,2015,21(11): 2885-2892.

[124] LIANG H T,KANG F J. Research of task allocation modeling based on extended contract net protocol and MAS for UUV collaborative system[C]//Chinese Simulation Conference,2015.

[125] YU F,KAIHARA T,FUJII N. Multi-agent based multi-item negotiation of supply chain networks using game theory[J]. IEEJ Transactions on Electronics,Information and Systems,2013,133(9): 1663-1669.

[126] GUO G B,ZHANG J,Vassileva J. Improving PGP web of trust through the expansion of trusted neighborhood[C]//2011 IEEE/WIC/ACM International Joint Conferences on Web Intelligence (WI) and Intelligent Agent Technologies,2011: 489-494.

[127] 张方于,陈学广,迟嘉昱. 一种改进的 GPGP 协调机制[J]. 华中科技大学学报(自然科学版),2004,32(7):34-36.

[128] 黄磊,于忠臣. 基于 GPGP 机制的物联网任务协调机制[J]. 四川理工学院学报(自然科学版),2012,25(3):33-36.

[129] RODRÍGUEZ S D P,JUAN F,VILLARRUBIA G,et al. Multi-agent information fusion system to manage data from a WSN in a residential home[J]. Information Fusion,2015,23:43-57.

[130] XU M,CHAI J,YAN Y,et al. Multi-agent fuzzy-based transit signal priority control for traffic network considering conflicting priority requests[J]. IEEE Transactions on Intelligent Transportation Systems,2022,23(2):1554-1564.

[131] JIN J,MA X. A multi-objective agent-based control approach with application in intelligent traffic signal system[J]. IEEE Transactions on Intelligent Transportation Systems,2019,20(10):3900-3912.

[132] WANG Z,ZHU H,HE M,et al. GAN and multi-agent DRL based decentralized traffic light signal control[J]. IEEE Transactions on Vehicular Technology,2022,71(2):1333-1348.

[133] CHEN B,CHENG H H. A review of the applications of agent technology in traffic and transportation systems[J]. IEEE Transactions on Intelligent Transportation Systems,2010,11(2):485-497.

[134] EBRAHIMI B,BATALEBLU A A,ROSHANIAN J. Developing an intelligent systems design framework based on multidisciplinary design analysis and multi-agent thinking integration[J]. Expert Systems with Applications,2024,248,123363.

[135] XUE L W,LIU G P,HU W S. Rapid deployment dcheme for MAS-based applications within industry 4.0 framework[J]. IFAC-PapersOnLine,2023,56(2):3850-3855.

[136] GUNGOR V C,SAHIN D,GUNGOR T K,et al. Smart grid technologies:communication technologies and standards[J]. IEEE Transactions on Industrial Informatics,2011,7(4):529-539.

[137] DOU X,LIU B. Multi-agent based hierarchical hybrid control for smart microgrid[J]. IEEE Transactions on Smart Grid,2013,4(2):771-778.

[138] 辛昊,严正,许少伦. 基于多代理系统的电动汽车协调充电策略[J]. 电网技术,2015,1:48-54.

[139] MUHAMMAD W K. 基于多代理系统的分布式微电网建模与优化管理[D]. 上海:上海交通大学,2022.

[140] VIZIA C D,PATTI E,MACII E,et al. A user-centric view of a demand side management program:from surveys to simulation and analysis[J]. IEEE Systems Journal,2022,16(2):1885-1896.

[141] ROY S D,DEBBARMA S,GUERRERO J M. Machine learning based multi-agent system for detecting and neutralizing unseen cyber-attacks in AGC and HVDC systems[J]. IEEE Journal on Emerging and Selected Topics in Circuits and Systems,2022,

12(1):182-193.
- [142] WONG W W,FENG Z Z,THEIN H H. A parallel sliding region algorithm to make agent-based modeling possible for a large-scale simulation:modeling hepatitis C epidemics in Canada[J]. IEEE Journal of Biomedical and Health Informatics,2016, 20(6):1538-1544.
- [143] POSSIK J,ASGARY A,SOLIS A O,et al. An agent-based modeling and virtual reality application using distributed simulation:Case of a COVID-19 intensive care unit[J]. IEEE Transactions on Engineering Management,2023,70(8):2931-2943.
- [144] SONG Y,JING Z,GAN Z. A critical study on multi-agent system based on reinforcement learning theory and its application in research of electricity market simulation[C]//2021 IEEE 4th International Electrical and Energy Conference (CIEEC),Wuhan,China,2021, 1-7.
- [145] 董焕彬.基于多智能体强化学习模型在 A 股择时和选股应用研究[D].杭州:浙江大学,2020.
- [146] 孟安波.基于多智能体的 e-Education 系统建模及其应用研究[D].武汉:华中科技大学,2006.
- [147] 李春生,刘冬洋,胡亚楠,等.基于 MAS 的虚拟导师资源自组织协同机制研究[J].计算机技术与发展,2021,31(8):1-5.
- [148] NAFISEH S,GHOLAM Ali M. Evaluation based on personalization using optimized FIRT and MAS framework in engineering education in e-learning environment[C]//4th International Conference on e-Learning and e-Teaching (ICELET 2013),Shiraz,Iran, 2013:117-120.
- [149] FUSANO A,SATO H,NAMATAME A. Multi-agent based combat simulation from OODA and network perspective[C]//Proceedings of 13th International Conference on Computer Modelling and Simulation,2011:249-254.
- [150] DAS S,ASCANO R. Distributed belief propagation in multi-agent environment[C]// Proceedings of 13th International Conference on Practical Applications of Agents,Multi-Agent Systems and Sustainability,2015:53-65.
- [151] TOUBMAN A,ROESSINGH J J,SPRONCK P,et al. Dynamic scripting with team coordination in air combat simulation[C]//Proceedings of 27th International Conference on Industrial Engineering and Other Applications of Applied Intelligent Systems,2014: 440-449.
- [152] 李昊.基于 Agent 的自主多卫星系统建模与仿真应用研究[D].长沙:中国人民解放军国防科技大学,2007.
- [153] 李宏宏,康凤举.基于消息驱动的多 Agent 通信系统结构研究[J].系统仿真学报,2014, 10:2365-2368.
- [154] 罗德林,张海洋,谢荣增,等.基于多 agent 系统的大规模无人机集群对抗[J].控制理论与应用,2015,32(11):1498-1504.
- [155] 张婷婷,蓝羽石,宋爱国.无人集群系统自主协同技术综述[J].指挥与控制学报,2021,

7(2): 127-136.

[156] SABOORI I, KHORASANI K. H_∞ consensus achievement of multi-agent systems with directed and switching topology networks[J]. IEEE Transactions on Automatic Control, 2014,59(11): 3104-3109.

[157] 王银涛,严卫生. 多自主水下航行器系统一致性编队跟踪控制[J]. 控制理论与应用, 2013,30(3): 379-384.

[158] CUI R, GE S S Z, HOW B V E, et al. Leader-follower formation control of underactuated autonomous underwater vehicles[J]. Ocean Engineering, 2010,37(17): 1491-1502.

[159] 马朋,张福斌,徐德民. 基于距离量测的双领航多AUV协同定位队形优化分析[J]. 控制与决策,2018,33(2): 256-262.

[160] SAHU B K, SUBUDHI B. Flocking control of multiple AUVs based on fuzzy potential functions [J]. IEEE Transactions on Fuzzy Systems, 2018,26(5): 2539-2551.

[161] YAN Z P, LIU Y B, ZHOU J J, et al. Moving target following control of multi-AUVs formation based on rigid virtual leader-follower under ocean current[C]//Proceedings of the 34th Chinese Control Conference,2015: 5901-5906.

[162] 袁建,唐功友. 采用一致性算法与虚拟结构的多自主水下航行器编队控制[J]. 智能系统学报,2011,6(3): 248-253.

[163] 丁国华,朱大奇. 多AUV主从式编队及避障控制方法[J]. 高技术通信,2014,24(5): 538-544.

[164] PAULL L, SETO M, LEONARD J J. Decentralized cooperative trajectory estimation for autonomous underwater vehicles[C]//2014 IEEE/RSJ International Conference on Intelligent Robots and Systems,2014: 184-191.

[165] DENG Y U, BEAUJEAN P P, EDGAR A, et al. Task allocation and path planning for collaborative AUVs operating through an underwater acoustic network[C]//MTS/IEEE Seattle, OCEANS 2010.

[166] BRUZZONE A G, MERANI D, MASSEI M, et al. Modeling cyber warfare in heterogeneous networks for protection of infrastructures and operations[C]//2013 European Modeling and Simulation Symposium,2013: 685-694.

[167] FROST G, MAURELLI F, LANE D M. Reinforcement learning in a behaviour-based control architecture for marine archaeology[C]//MTS/IEEE OCEANS 2015.

[168] WATANABE K. Design and fabrication of a small test-bed aimed for basin experiment of underwater multi-agent system. [C]//International Symposium on Underwater Technology International Workshop on Scientific Use of Submarine Cables and Related Technologies 2007: 574-580.

[169] BHARAMAGOUDRA M R. MANVI S S, GONEN B. Event driven energy depth and channel aware routing for underwater acoustic sensor networks: Agent oriented clustering-based approach[J]. Computers and Electrical Engineering,2017,58: 1-19.

[170] 许真珍,闫志斌,胡志强,等. 基于B/S模式的AUV协同设计平台设计与实现[J]. 计算机应用与软件,2013,30(10): 26-29.

[171] 严浙平,赵玉飞,陈涛.海洋勘测水下无人航行器的自主控制技术研究[J].哈尔滨工程大学学报,2013,34(9):1152-1158.

[172] LIU H B,GU G C,SHEN J,et al. AUV fuzzy neural BDI[J]. Journal of Marine Science & Application,2005,4(3):37-41.

[173] 梁洪涛,康凤举.面向多智能体 UUV 协同系统的任务分配建模[J].系统仿真学报,2015,27(9):2075-2082.

2 面向UUV集群协同的免疫智能体建模理论

2.1 引言

微小型 UUV 集群协同(micro-UUVs swarm collaboration，MUSC)是 UUV 集群系统与水下环境及应用场景相互耦合的无人系统,也是由多个同构或异构微小型个体组成空间、时间、功能、资源分布的复杂系统,具有分布性、动态性、适应性、智能化、协同化、通用化和层次化等特点,涉及环境感知、动态规划、行为控制与能源适配等关键技术,可在任务执行过程中扮演前置探测、通信节点、发射平台、攻击武器等多种角色,是未来海洋工程的一种颠覆性技术[1-3]。对于这种复杂系统来说,传统的建模方法[4-6],如数学建模、物理建模、图论模型等,已经不能全面地刻画和描述该系统的静态结构和动态交互。MAS 建模理论方法作为分布式人工智能的最新研究成果已成为复杂系统研究的重点[7-10],但在与微小型 UUV 集群相关的研究中大部分工作侧重于理论研究、概念和框架分析等,不能适应微小型 UUV 集群向着智能化与协同化方向发展的建模需求[7,11-13]。

富于幻想的人类从未停止探索的脚步,他们将目光投向了生物集群。物竞天择,适者生存。不同尺度的生物集群经过亿万年的进化,形成了它们独特的集群运动与交互机理[14-17]。微尺度的生物免疫系统是一个高度复杂的智能协调自适应系统[18-19]。从结构和功能上看,MAS 和生物免疫系统具有高度相似性。因此,利用两者建模优势[20],形成优势互补,构建免疫智能体交互网络来拓展 MAS 建模理论方法,并实现微小型 UUV 集群协同建模研究。本章从复杂系统和复杂性科学研究的角度,结合 MAS 理论和生物免疫机制,提出免疫智能体交互网络建模理论方法,并就该方法在微小型 UUV 集群协同建模的概念、模型、框架、方法等内容进行分析。

2.2 建模需求分析与关键问题

微小型 UUV 集群作为一种复杂无人系统,朝着智能化与协同化方向发展,对其进行建模与仿真研究有着深刻的理论和现实需求。

2.2.1 需求分析

(1) 微小型 UUV 集群是立体化无人系统研究的重要一环。我国正在建设海洋强国和海军强国,各类水域应用场景呈现立体化、多样化、复杂化,利用卫星、飞艇、无人机、无人车、无人水面船、UUV 等各类载体和工具,开展空间、地面、水下、网络立体空间的无人系统研究是重要路径,对于推进我国无人水下作业能力建设至关重要。作为立体化无人系统研究的重要一环,UUV 正在向着智能化、复合化、体系化和协同化的方向发展。伴随着计算机技术、自动控制原理、水下信号处理、水声通信网络、动力能源推进、新耐压材料与隐身材料等高新技术的蓬勃发展,微小型 UUV 集群正在成为未来海洋工程的颠覆性技术。它无需考虑人的生理极限因素,能够在大范围、大深度、狭窄的海域长时间、高强度地执行各种复杂、枯燥、危险任务,而且能够在互通、互联和互操作的水下信息网络支持下,发挥"狼群"效应,完成集群范围内的资源共享与协同。

(2) 建模与仿真成为研究微小型 UUV 集群协同的有效手段。微小型 UUV 集群包含的模型、环境和任务种类繁多且复杂,涉及环境感知、动态规划、行为控制与能源适配等关键技术,属于复杂系统的研究范畴。复杂系统的建模与仿真(modeling and simulation,M&S)是一种集控制理论、人工智能、计算机技术、虚拟现实、系统仿真与建模等关键技术于一体的方法论,被认为是继理论研究、科学实验之后第三种认识世界的手段。通过分解、抽象和综合可将微小型 UUV 集群涉及的结构、控制、协调等要素紧密结合[21]。因此,构建合理和有效的复杂系统建模与仿真方法对于掌握微小型 UUV 集群协同规律无疑具有重要的意义。

(3)新的 MAS 成为微小型 UUV 集群协同研究的强大工具。传统的复杂系统建模与仿真方法如物理建模、数学建模和图论模型主要建立在以确定性和随机统计为基础的还原论和整体论之上,其局限性已在多 UUV 协同应用研究中显现出来,具体表现为仿真实现成本高、主观性较强、不能表现个体 UUV 的智能性、难以刻画多 UUV 之间的信息交互等,这些局限性严重制约了其应用。而 MAS 理论方法作为目前复杂系统研究的唯一有效手段,在微小型 UUV 集群协同建模过程中主要集中在理论研究、概念与框架分析等[22-26],难以描述微小型 UUV 个体内部逻辑控制关系,不能很好地刻画微小型 UUV 集群协同运行规律,致使对微小型 UUV 集群的微观行为和宏观涌现的一体化建模与仿真研究的缺乏。因此有必要通过对 MAS 理论方法进行创新研究,提高 UUV 智能化与协同化建模质量和精度。

2.2.2 关键问题

微小型 UUV 集群协同在建模过程中不仅要考虑微小型 UUV 的单体建模,同时也要考虑多 UUV 群体的协同建模,并能通过仿真技术实现典型应用与分析[20,27-28]。其中涉及的关键问题有:

(1)单体智能性建模。微小型 UUV 作为无人水下系统,其智能性体现在不依赖外界命令,可自主实现感知、分析、决策和执行等各种功能,针对海洋环境变化自主调整行动策略并完成使命。但目前微小型 UUV 建模仅仅进行简单的概念建模，通过嵌入预定程序弹道和设定简单的行为规则进行水下航行，缺少内部逻辑结构的详细刻画及实现。因此，针对单体智能性建模这一研究重点，应侧重增强UUV行为的自主反应、规划和学习等不同分辨率的智能特性，为多UUV协同建模提供理论与技术支撑。

（2）群体协同性建模。多UUV集群由多个可自主完成环境感知、动态规划、行为控制与能源适配的微小型个体组成。在微小型UUV集群中，一方面，能根据水下环境和场景，突破携带能源和个体能力的制约，通过多UUV协作实现大范围空间内的水下作业；另一方面，在复杂应用场景中，多UUV系统可以自主通过组群和分群等措施完成避障、围捕等群体动作以确保群体安全。因此，协同过程中涉及的系统结构、协调合作、通信方式及信息融合等内容成为多UUV协同建模的关键。

（3）分布式仿真系统设计与应用。一方面，微小型UUV集群协同建模具有多层次性、多要素性、不确定性及模型粒度多样性等复杂特性，有必要借助成熟的MAS仿真平台对其建模方法进行验证分析。另一方面，三维可视化仿真可直观、清晰地显示协同过程，如何通过逼真度分析实现指导和构建可视化系统对于了解微小型UUV集群运动规律同样具有意义。因此，微小型UUV集群分布式仿真系统设计与应用也需要深入研究。

2.3 复杂性论证

2.3.1 复杂系统概述

复杂性科学是一门主要研究复杂系统和复杂性的交叉学科，也是现代前沿科学理论研究的融合产物，被科学家誉为"二十一世纪的科学"[29]。复杂性科学研究的复杂系统（complex system，CS）涉及范围广泛，包括生态系统、经济管理系统、社会管理系统、军事作业系统等。目前，关于复杂性科学的研究引起了世界各国科学家的广泛关注,主要针对系统复杂性的形成原因、复杂性特征、复杂性行为及系统复杂性建模等共性关键问题进行研究,将对人类认识世界和改造世界起到重要的推动作用[30]。

但由于各个学科领域对复杂性的认识和理解不尽相同,导致至今对复杂系统都没有一个明确、统一的定义,目前国际上对其的研究可以归纳为三大流派:

(1) 以美国圣菲研究所为代表的复杂适应系统(complex adaptive system, CAS)[31]。美国诺贝尔奖获得者 Murray Gell Mann 等人认识到研究复杂系统的重要性,汇聚了一大批物理、经济、生物、计算机等领域的研究学者,开展复杂性科学研究,并于 1994 年由 Holland 总结并提出 CAS 理论。CAS 主要单元是系统内的 Agent 个体,具有自适应性,个体与环境及其他个体间存在相互作用,不断改变个体状态,同时也改变环境。CAS 经过众多学者的不断研究和拓展,充分吸收了人工智能和计算模拟的成果,目前已经成为复杂性科学研究领域引人注目的热点。

(2) 以欧洲学派为代表的自组织理论(self-organization theory, SOT)[32]。SOT 主要包括 Prigogine 的耗散结构理论、Eigen 的超循环理论及 Haken 的协同学理论。其中,1969 年比利时科学家发表的论文《结构、耗散和生命》,标志着耗散结构理论的诞生;1977 年德国科学家 Haken 提出协同学理论,主要用于研究复杂系统的宏观特性质变和突变问题。这些标志性成果组成和丰富了 SOT。自 20 世纪 60—70 年代诞生以来,SOT 至今仍对复杂性科学研究产生着不可忽视的影响,被应用于自动控制、模式识别等新领域,取得了令人瞩目的成绩。

(3) 以中国科学家钱学森院士为代表的开放复杂巨系统理论(open complex giant system, OCGS)[33]。《自然》杂志 1990 年第一期发表的论文《一个学科新领域——开放的复杂巨系统及其方法论》,标志着 OCGS 的诞生。从定性到定量相结合的综合集成理论和从定性到定量综合集成研讨厅体系[34]先后被提出来解决 OCGS。该理论可充分发挥综合优势、整体优势和智能优势,达到对复杂系统从定性认识上升到定量认识的目的。目前,OCGS 研究主要还停留在基础理论研究阶段。

虽然复杂系统的定义各个学派还没有形成统一的标准,复杂性科学还处于不断发展阶段,但是可以从 CAS、SOT 和 OCGS 的研究内容归纳出复杂系统的基本属性:

(1) 分布性。系统各个部分之间是分布的,正是这种分布特性造就了系统的复杂性和各部分之间的广泛联系。

(2) 动态性。系统在发展的过程中能够不断地演化和进化,促进系统结构的重组和完善。

(3) 开放性。系统处在开放环境之中,并与环境相互作用,可促进系统向更好地适应环境的方向发展。

(4) 层次性。系统具有明显的层次性,各层之间界限分明。每一层次均可成为构建其上一层次的单元,并且每个层次的功能都可促进系统整体功能的实现。

(5) 适应性。系统通过个体与个体、个体与环境之间的相互作用不断地改变着系统自身,同时也适应和改变着环境。

复杂系统除上面分析的基本属性外,还有很多其他属性,例如远离平衡态、混沌、分形和模糊等,具体应用时还需要对复杂系统进行更为深入的分析与研究。

2.3.2 微小型 UUV 集群复杂性分析

分布性体现在:①微小型 UUV 集群利用微小个体在空间和时间上的随机分布,实现广域覆盖,符合 UUV 向着小型化、大深度、远航程方向发展的需求;②面对目标探测、跟踪识别、火力打击等不同应用场景,需要不同功能的 UUV,如通信中继 UUV、巡航探测 UUV、攻击 UUV 等,根据复杂多变的环境和场景进行功能分布性的组合,以达到花费最少资源、获取最大系统能效的目的;③微小型 UUV 集群中单体出现故障或失效时,利用其他个体在空间、时间、功能和资源上的分布，实现集群内部的协作与容错，保证系统整体的可靠性与健壮性。

动态性体现在：①微小型 UUV 集群作为一种新的海洋工程装备，既要重视单体能力，又要强调群体协同合作能力，因此在集群策略和优化控制过程中，其处于一种非线性的动态变化；②海洋作为微小型 UUV 集群水下运动的介质，相比于空气介质，更为复杂、动态和不可控，如水下温度场、盐度场、声场的变化都将影响微小型 UUV 集群的探测性能和运动状态；③水下应用场景的动态性，例如微小型 UUV 协同系统采用"狼群"战术围攻入侵目标的过程中，需完成探测、避障、攻击等不同任务，而且任务分配与优化过程需要根据距离、能量等各种因素进行动态规划。

开放性体现在系统对象与环境之间发生的物质、能量和信息的交换过程。①作为水下运载、侦测、攻击工具等，微小型 UUV 在开放的水下空间进行作业，时刻与复杂水下环境进行信息交换；②微小型 UUV 集群包含多个同构或异构微小个体，根据应用场景的复杂程度，搭载和分配一定数量和异构功能的微小个体进行水下协同作业，UUV 与环境、UUV 与 UUV、UUV 与搭载设备间均存在着物质、能量和信息的交换。

层次性体现在：①微小型 UUV 集群作为复杂的无人系统，其特征主要有高阶次、多回路、非线性及子系统类别繁多，如 UUV 集成了传感系统、控制系统、导航与通信系统和动力系统等子系统，具体而言涵盖了运动控制、目标探测和识别、信息融合、智能规划与决策等多个技术层面；②微小型 UUV 集群作为一种协同化、体系化、网络化的模式，需要满足目标探测、跟踪识别、火力打击、协同作业、综合防护等不同层次的场景应用需求；③微小型 UUV 集群可与海面无人船、地面无人车、空中无人机等多种异构无人系统构成多层次的跨域无人系统。

适应性体现在：①微小型 UUV 具备在不依赖外界命令支持下实现感知、分析、决策和执行等多种功能，具备根据当前环境自主规划行为来达到期望的环境适应能力；②在复杂海洋环境中，微小型 UUV 集群通过局部交互实现信息共享和合作,完成自动组群和分群等结构变化,以及避障、围捕等功能;③微小型 UUV 集群具备自动适配个体携带能源和适应自身状态约束的能力,可在集群内部实现能源的优化配置,达到既发挥个体能力又确保整体状态稳定的目的。

微小型 UUV 集群除具有上述复杂性特点外,还有其自身独特的复杂特点。首先,作业环境复杂。海洋风、浪、流、温度、盐度等水声环境,水下复杂地形,以及水下生物组成的复杂海洋环境对 UUV 集群作业影响非常大。其次,应用场景复杂。UUV 作为运载、通信或导航节点在环境监测、水下考古、情报侦察、后勤支援等作业任务方面具有无可替代的作用,而且这种趋势随着深远海战略的深入实施还在不断加强。

总之,从复杂性科学的角度分析,微小型 UUV 集群属于典型的复杂系统,因此可以借鉴复杂系统建模与仿真方法对其进行深入研究,为实现集群协同建模理论与应用创新提供指导。

2.4 复杂系统与 MAS 关系分析

2.4.1 拓扑结构

MAS 是由多个 Agent 组成的网络系统,其中 Agent 作为具有一定自治能力的智能实体或节点,它们可通过相互作用以实现某些目标或完成某些任务。更深入地讲,MAS 的功能由以下四点组成:①每个 Agent 都具有部分解决问题的能力;②MAS 是一个松散的无全局控制的网络系统;③求解问题的知识和数据呈现分散结构;④在网络系统中对 Agent 进行异构求解计算。从宏观上讲,MAS 的目标是将大的复杂系统分割成若干个小的、彼此可通信、协作、易于管理的微系统。这种以"分而治之""相互协作"为基本特征的 MAS 使复杂系统问题的求解成为可能。

在 MAS 中，Agent 之间的组织和交互模式被称为拓扑结构，它决定了 MAS 运行控制的三个问题：①Agent 相互之间如何通信和协调；②MAS 系统拥有的控制能力；③MAS 系统协商和合作的效果。可以说，拓扑结构管理和规划着 Agent 之间的交互通信关系，支撑 Agent 与 MAS 的推理、学习、规划和知识管理。目前，MAS 建模研究中出现了两种比较流行的拓扑结构：星形拓扑结构（star-like topology，SLT）和网状拓扑结构（web-like topology，WLT），如图 2-1 和图 2-2 所示。

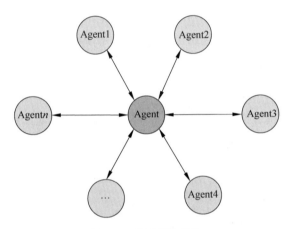

图 2-1　星形拓扑结构

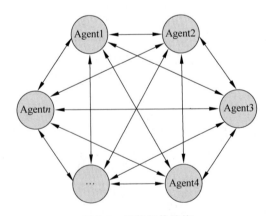

图 2-2　网状拓扑结构

（1）星形拓扑结构主要由一个或多个中心 Agent 节点在 MAS 中负责对组

内所有Agent节点的行为、任务及共享资源等提供统一的协调和管理服务。换句话说,这种结构中存在一定的管理与被管理的不平等关系,而且只有与中心Agent存在管理关系的Agent才可以通过中心Agent与其他Agent产生通信关系。该结构最大的优点是强有力的中心控制能力。当然,该结构也存在较差的鲁棒性和健壮性,如果中心Agent不能工作,整个MAS结构有可能出现瘫痪,需要重新配置,导致花费较长时间。

(2) 网状拓扑结构中分布的Agent节点地位均等、功能相同且目标一致,不同的只有每个节点的输入和输出,由此构成动态变化的连通图或完全图,每个节点与其余节点连接,相互提供服务。在任务的分配、资源的共享与管理、冲突的协商和协调、行为的一致性等方面,该结构可利用信息融合和知识推理,实现自主行为的判断与决策。该结构的优点是可以实现Agent网络的并行处理和优化,具有很强的灵活性和鲁棒性;另一方面,由于每个Agent节点相互之间存在交互,其通信消耗相比于STL会大大增加,而且也有可能造成数据冗余。

总之,拓扑结构在MAS的协调与协商过程中起到了非常关键的基础性作用。在具体应用时,如何选择和设计一个高效、灵活的拓扑结构显得尤为重要。

2.4.2 复杂系统基于MAS的方法论

为更好地理解复杂系统与MAS之间的关系,有必要给出研究复杂系统的三种方法,这些方法将为MAS理论方法的创新奠定基础。

分解法:把复杂系统整体向下分为各个组成部分,通过对各个部分的分析和研究,向上推导出复杂系统整体的特性。

抽象法:根据实际需求,提取和归纳复杂系统的某些信息和属性,从而对复杂系统进行简化处理。

综合法:从复杂系统整体的角度出发,强调对系统中各个组成部分之间相互关系的合成。

其中,分解法是运用还原论的思维来分析,抽象法是系统建模的基础方法,综合法是运用整体论的思维来分析。显然,三种基本方法都是根据复杂系统的不同特点提出的方法论,具有一定的局限性。如果要对复杂系统进行深入研究,就必须将三者结合起来,这也正好符合钱学森院士所提出的"系统论是还原论和整体论的辩证统一"的观点[35]。

MAS 建模与仿真技术在研究复杂系统上具有无可比拟的表达力和亲和力,其刚好可以从分解、抽象和综合三个方面提供一个复杂系统的分析模式和解决方案。

(1) MAS 有利于复杂系统的分解。MAS 和复杂系统整体结构一致,都存在内在分布性,因此更有利于将复杂系统分解为相互交互、通信的子系统或者模块;同时,Agent 作为具有智能性的自治主体,具有一定的思维、学习、规划和行为能力,不但可以有效加强系统内部的交互作用,还能保证与外界环境之间的协调。

(2) MAS 有利于复杂系统的抽象。复杂系统抽象的关键是保证模型的有效性。由于 MAS 和复杂系统在本质上都存在分布性,因此从 Agent 到复杂系统中的单元或模块,从 MAS 组织到复杂系统或其子系统,两者存在着一致的对等关系;同时个体与个体、个体与环境之间的信息交互也是复杂系统不断演化的动力。这些微观和宏观信息的对应关系有利于复杂系统的抽象。

(3) MAS 有利于复杂系统的综合。复杂系统各子系统或组成单元之间存在一定的拓扑结构,从整体上表现出个体不具有的涌现性。MAS 中 Agent 可以根据实际需求通过不同粒度和分辨率的元模型和元元模型形成不同类型的组织形态,不仅可以反映组织内部的各种关系和结构,还能反映整个组织的功能和形态。

微小型 UUV 集群是典型的复杂系统,而 MAS 建模与仿真方法是研究复杂系统最有效的手段,因此复杂系统、MAS 与微小型 UUV 集群协同的闭环关系如图 2-3 所示。不难看出,利用 MAS 建模与仿真方法解决微小型 UUV 集群协同建模所面临的问题是可行的、合理的,而且这些方法论将对 MAS 理论方法的创新提供易于理解的理论解释。

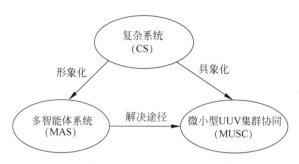

图 2-3　复杂系统、MAS 与 MUSC 的闭环关系

2.5　免疫智能体交互网络

2.5.1　生物免疫学理论

生命现象的奇妙和生物的智能行为一直是科学家创新的模拟对象和灵感源泉,生物免疫系统(biological immune system,BIS)主要可实现免疫细胞对"自体"与"非自体"的识别、学习、记忆和特征提取,并通过抗体消灭抗原,维持机体结构和功能的稳定。从计算角度来看,生物免疫系统是一个具有并行、分布、适应和自组织等隐喻机制的信息处理与计算系统。借鉴免疫运行规律及其隐喻机制,已开发出许多面向工程实际问题的模型和算法,在模式识别、优化设计、故障诊断、机器学习及机器人控制等多个领域展现出强大的问题求解能力[36-39]。为了正确理解生物免疫系统的基本内容[19,40-45],有必要从免疫学角度对相关概念进行解释和分析。

免疫(immune):是指机体接触抗原物质后,机体能够识别"自体(self)"和"非自体(non-self)",并通过特定的免疫响应消灭抗原。

抗原(antigen):是指诱导免疫系统产生免疫响应的各种入侵的细菌、病毒等有害物质的统称。

抗体(antibody)：是指在抗原物质的刺激下产生的一种具有高特异性和高亲和力，可结合抗原的免疫球蛋白。

自体(self)：指不会诱导产生免疫响应的无害体内细胞或物质。

非自体(non-self)：指来自体外的有害物质，即抗原。

免疫应答(immune response)：是指免疫细胞识别抗原，活化、增殖和分化，以及产生免疫效应的全过程，按功能可分为固有性免疫响应和适应性免疫响应，按时间可分为初次应答和再次应答。固有性免疫响应(innate immune response)是指先天遗传的自然免疫，对入侵机体内的抗原有积极、快速的防卫作用，具有直接性、快速性和广泛性等特点。适应性免疫响应(adaptive immune response)，又称特异性免疫响应(specific immune response)，主要由免疫系统的 T 淋巴细胞和 B 淋巴细胞组成，可自动识别抗原并对其做出免疫应答。

免疫识别(immunological recognition)：是指免疫系统中抗体对抗原及抗体之间的识别，达到区分"自体"和"非自体"的目的。

免疫学习(immunological learning)：是指免疫系统能够利用模式匹配和自组织网络学习抗原特性，并以免疫记忆的形式实现免疫细胞最优个体的记忆存储。

免疫记忆(immunological memory)：是指相同或类似的抗原再次入侵机体时，机体产生二次免疫反应，更快响应，产生更高亲和度抗体的现象。

免疫器官(immune organ)：主要包括中枢免疫器官(central immune organ，CIO)和外周免疫器官(peripheral immune organ，PIO)两大部分。其中CIO 是免疫细胞产生、分化和成熟的场所，包括胸腺和骨髓两部分；PIO 是成熟淋巴细胞固定和产生免疫响应的场所，包括淋巴结、脾脏、黏膜、皮肤和其他免疫淋巴组织。

免疫分子(immune molecule)：是指免疫细胞执行免疫功能过程中合成和分泌的诸如抗体、细胞因子等分子，其在免疫系统的发育、免疫细胞的活化及免疫应答中具有重要的作用。

免疫细胞(immunocyte)：是指参与免疫应答的相关细胞，包括巨噬细胞和淋巴细胞(T淋巴细胞和B淋巴细胞)等。

巨噬细胞(macrophage)：可通过吞噬作用摄取、杀伤或降解进入机体的异物，同时还有抗原呈递功能。

B淋巴细胞(B lymphocyte)简称B细胞(B cell)，是实现体液免疫的关键免疫细胞，其表面有各种受体用于接收外界的化学信号。

T淋巴细胞(T lymphocyte)简称T细胞(T cell)，是实现细胞免疫的关键免疫细胞，主要对细胞免疫功能的实现起到调节作用。

特别地，B细胞和T细胞作为免疫系统中最重要的两类淋巴细胞，其来源和功能不尽相同，如图2-4所示。其中，B细胞在生命过程中不断地从骨髓产生，其主要功能是产生抗体，执行体液免疫功能；而T细胞则产生于胸腺，可分化为抑制T细胞(suppress T cell, Ts)、辅助T细胞(helper T cell, Th)和杀伤T细胞(killer T cell, Tk)等三类，其主要功能是执行细胞免疫和免疫调节。

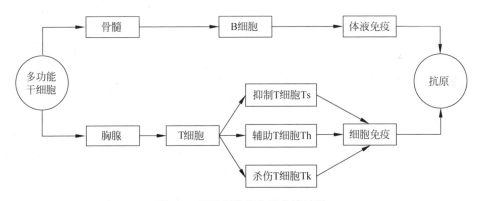

图2-4 淋巴细胞产生及免疫过程

生物免疫系统由执行免疫功能的单元形成多层次免疫防御机制使机体免受抗原侵害，防御机制如图2-5所示。第一层皮肤屏障利用皮肤将某些抗原拒之门外；第二层生理屏障通过体温、唾液和pH等提供不适合外界抗原生存的生理环境来杀死抗原；第三层固有免疫通过巨噬细胞和树突细胞等抵抗已知病原体感染，能够阻止多数抗原；第四层获得性免疫是由众多的淋巴细胞(B

细胞和 T 细胞等)和分子组成的最后一层防线,它通过识别和学习特定种类的抗原,并记忆入侵抗原的特征以便于未来的快速应答。概括地讲,生物免疫的主要功能是通过多层组织及免疫单元实现对抗原的识别、学习、记忆和清除等,达到免疫防御、免疫稳定和免疫监视的目的。

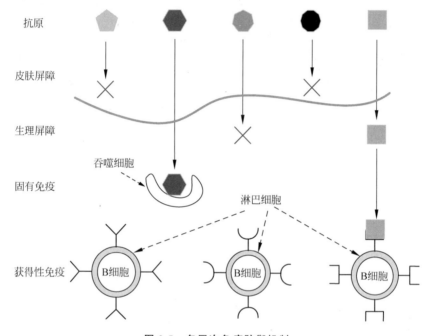

图 2-5 多层次免疫防御机制

根据淋巴细胞免疫过程和免疫防御机制,生物免疫系统的特性可总结为以下几点。

(1) 分布性。免疫系统是一个由广泛分布的免疫器官、细胞和分子在时间和空间上组成的分布式无中央控制网络结构,通过该网络完成各类免疫功能。

(2) 并行性。免疫系统由大量的免疫器官、细胞和分子组成,这些组成单元能够根据抗原的特性,通过防御体系并行产生免疫响应消灭抗原,增强免疫系统的健壮性。

(3) 动态性。抗原引发免疫应答后,免疫系统通过免疫细胞的活化、增殖和分化,产生抗体,根据抗原与抗体的亲和力选择合适的抗体消灭抗原,从而不断地适应外界环境的变化。

（4）稳定性。免疫系统遇到抗原入侵时，其内部各免疫细胞、抗原与抗体、抗体与抗体之间可形成一个激励与抑制关系的动态平衡网络，维持系统结构稳定。

（5）识别性。免疫识别的本质是区分"自体"和"非自体"，对于"非自体"的外部入侵抗原，启动免疫应答来排除和消灭异己，而对"自体"的内部组织细胞，则启动免疫耐受，维持机体内部环境的稳定。

（6）学习性。免疫学习体现在初次应答和再次应答两个阶段。初次应答阶段，免疫系统初次遇到新的入侵抗原，由于需要进行免疫识别和特征提取，其应答过程时间较长；再次应答阶段，当免疫系统遇到相同或相似的入侵抗原时，由于免疫记忆作用，免疫应答过程速度会大大提高。此外，免疫识别也是一个免疫学习的过程，对效应细胞和记忆细胞的分化具有重要作用。

（7）记忆性。免疫细胞经过增殖、分化为效应细胞和记忆细胞，可分别完成对抗原的清除和记忆。其中对抗原信息的记忆是通过生命周期比较长的记忆细胞来完成。当免疫系统初次遇到新的入侵抗原，淋巴细胞会花费较长时间来识别抗原，继而以最优形式存储对抗原的记忆信息；当再次遇到相同或相似的抗原时，记忆细胞将快速分化、增殖为效应细胞，执行高效而持久的免疫功能。

（8）反馈性。反馈性使免疫系统成为一个复杂的信息系统，它能够识别和分离抗原，并同步完成对外部抗原的快速反应，以及保持免疫系统的动态平衡。

（9）多样性。生物免疫系统含有多种类型各异的蛋白质，可识别在体外潜在的抗原或者待识别的模式种类，并且能够不断学习实现抗体的产生和更新。

（10）鲁棒性。免疫系统形成的多层次免疫防御机制，使系统具有更强大的健壮性和容错性，不会因为局部网络的损伤而造成整体功能的缺失。

以上这些特性使生物免疫系统成为一个复杂、高效的自适应信息处理系统，也为信息技术、工程技术和智能技术的发展提供源源不断的创新思维。

2.5.2 免疫隐喻机制

人工免疫系统(artificial immune system,AIS)主要从生物免疫系统的运行机制和计算能力中抽取隐喻机制,开发出面向工程实际问题的模型和算法,为现实世界复杂问题的解决提供新思路[41]。人工免疫系统隐喻机制归纳起来有免疫应答、免疫选择、免疫网络、并行分布和动态自适应等五类机制,如图 2-6 所示。

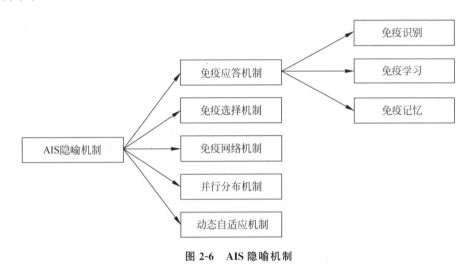

图 2-6 AIS 隐喻机制

1. 免疫应答机制

免疫应答机制是免疫识别、学习和记忆等免疫功能共同作用的一种隐喻机制。当抗原进入生物机体内,首先被巨噬细胞等抗原呈递细胞摄取。随后免疫细胞通过免疫应答区分"自体"与"非自体"实现对抗原的识别、学习和记忆。免疫应答包含初次应答和再次应答,如图 2-7 所示。

如果初次遇到新的入侵抗原,免疫系统产生初次应答,淋巴细胞需花费较长时间来识别抗原,继而以最优抗体的形式存储对抗原的记忆信息。如果再次遇到相同或相似的抗原,由于抗原信息的记忆存储,免疫系统会在短时间内产

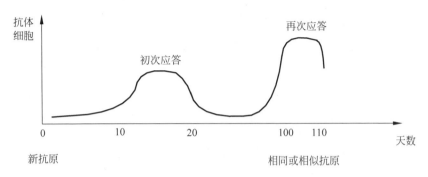

图 2-7 免疫应答

生高亲和度的抗体消灭抗原。

具体免疫识别过程是利用 B 细胞抗原识别受体与抗原结合实现的,这些受体非常独特,一个抗原识别受体只能识别一个特殊的抗原,通过独特位(idiotope)进行唯一标识。抗体与抗原结构如图 2-8 所示,B 细胞产生的抗体一般具有"Y"型结构,抗体通过互补位(paratope)和抗原的表位(epitope)配对结合,就像"一把钥匙只能打开所对应的一把锁"。互补位和表位发生特殊反应,抗体和抗原之间因此产生结合强度,这种结合强度被称为亲和力(affinity)。

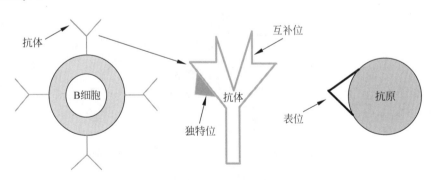

图 2-8 抗体与抗原结构示意图

可见,免疫应答机制的实质是抗原、抗体和免疫细胞等相互作用形成的一个免疫识别、学习和记忆的复杂效应过程,特别是增强式学习和联想式记忆的结合,是其区别于其他进化机制和算法的重要特征之一。

2. 免疫选择机制

B细胞在抗原的识别和消灭过程中起到了关键性的作用。但是上百万的淋巴细胞,每一个B细胞只能识别一种抗原,因此在需要识别大量抗原的免疫系统中就会存在一个问题:如何产生一个合适的免疫响应?针对某一个抗原入侵,免疫选择学说被提出来解释这个问题。免疫选择学说认为只有能够识别抗原的免疫细胞,才能增殖和分化,并以记忆细胞的形式被免疫系统存储,而那些不能识别抗原的细胞则不被选择。不难看出,抗原亲和度较低的个体在免疫选择机制的作用下,经历增殖、复制和变异操作后,其亲和度逐步成熟的过程实质上可以看作是一个类似于达尔文进化式选择和变异的过程。该过程在维持种群多样性的状态下,指导种群个体向着更优的方向进化,其流程如图2-9所示。

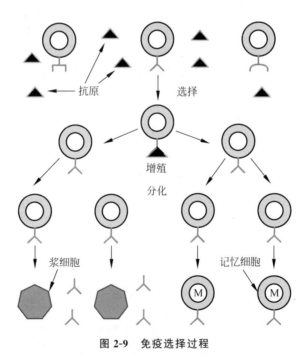

图2-9 免疫选择过程

显而易见,该机制是一个受抗原刺激的免疫自适应动态过程,体现学习、记忆、遗传等生物特性,其最成功的地方体现在克隆选择算法(clonal selection algorithm),目前已成功应用于多目标优化及其应用的各个领域。

3. 免疫网络机制

在免疫选择学说的基础上,结合识别、记忆和耐受等进化特征,独特型网络理论被 Jerne 首先提出。该理论认为免疫系统中的免疫细胞并不是处于一种彼此孤立的状态,而是通过抗体之间的激励和抑制关系,构成一个动态平衡的分布式网络,如图 2-10 所示。

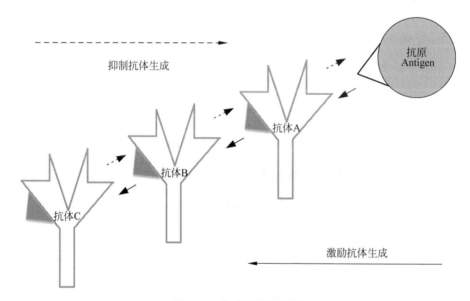

图 2-10　免疫网络示意图

当抗体 A 的独特位被另外一个抗体 B 的互补位识别,则抗体 A 与抗体 B 之间存在抑制关系,抗体 A 的浓度就会减小;而当抗体 A 的互补位被另外一个抗体 B 的独特位和抗原的表位识别时,则抗体 A 与抗体 B 及抗原之间存在激励关系,抗体 A 的浓度就会增加。即使在缺少抗体激励的情况下,抗体之间也可以通过相互识别、激励和抑制达到一个动态自组织的平衡状态。

需要说明的是,免疫网络与免疫选择两种机制侧重点有所不同。免疫网络主要建立在识别自身上,通过抗体内部相互识别组成网络;而免疫选择则恰恰相反,对外来抗原的识别成为关键,主要是针对外来抗原刺激产生细胞激活、增殖和效应的功能。

4. 并行分布机制

并行分布的特点主要表现在两个方面:①抗原入侵的分布特性诱导免疫效应细胞的并行分布控制和检测,通过效应细胞分泌抗体来完成对抗原的识别和消灭;②免疫系统的并行性和分布性有利于增强系统的健壮性和鲁棒性,即使发生局部网络功能的损伤和缺失,也可确保系统整体功能的健全与完整。

5. 动态自适应机制

在无中央控制的免疫网络中,免疫细胞利用增强式学习实现对入侵抗原特性的识别,完成识别的抗体通过克隆、选择、增殖等方式以 10 倍于正常细胞的变异概率实现高强度变异,提高其与入侵抗原之间的亲和力,并进一步分化为效应细胞和记忆细胞实现对抗原的清除和记忆。可以看出,动态自适应机制是一个由免疫识别、学习和记忆等形成的效应过程。此外,免疫应答机制通过局部细胞网络的交互作用形成并行分布机制,所以并行分布机制进一步强化了动态自适应机制。

概括地讲,动态自适应和并行分布机制在提升系统工作效率和故障容错方面表现出强大的优势,但是大多数研究还处于理论研究,还没有在工程实践中得到具体应用。

2.5.3 理论与实践分析

基于以上对 MAS 和生物免疫系统的分析,在表 2-1 中将两者从组成单元、系统结构、通信方式、总体目标和性能特点等五个方面进行归纳对比。不难看出,两者在总体结构和功能上呈现出高度的相似性[38-47]。在结构上,两者都是由分布的大量单元组成,并且在系统内部产生交互。在功能上,两者都是通过单元之间的行为交互与协商通信，适应动态环境并维持系统稳定。

表 2-1 MAS 和生物免疫系统的结构、功能和特点对比

项目	MAS	生物免疫系统
组成单元	Agent 节点	抗体、抗原、B 细胞等
系统结构	集中式或分布式	无中央控制的分布式系统
通信方式	交互行为与通信动作	激励、抑制、消灭等
总体目标	完成目标或任务	消灭抗体、维持机体稳定
性能特点	自主性、分布性、协作性、适应性等	识别性、学习性、记忆性、动态性、多样性等

虽然两者在总体结构和功能上呈现相似性，但是在建模理论和实践方面具有不同优势，归纳对比如表 2-2 所示。

表 2-2 MAS 和生物免疫系统在建模理论与实践方面的归纳对比

性　　能	生物免疫系统	MAS
识别	YES(实践)	NO
学习	YES(实践)	YES(理论)
记忆	YES(实践)	NO
选择	YES(实践)	NO
自组织	YES(实践)	NO
自忍耐	YES(理论)	NO
协调	YES(理论)	YES(实践)
通信	YES(理论)	YES(实践)
分布式	YES(理论)	YES(实践)

从表 2-2 中不难看出，从生物免疫系统抽出的免疫隐喻机制，如识别、学习、记忆、选择、自组织、自忍耐、协调、通信、分布式等特性，其中识别、学习、记忆、选择和自组织等机制已经在实践中得到应用，而自忍耐、协调、通信、分布式等特性虽然在理论方面取得了重大理论成果，但是缺乏实践应用，而 MAS 建模理论正好在协调、通信、分布式等方面具备强大的问题求解能力。可见，两种理论可以相互变异，形成优势互补，例如在相对成熟的 MAS 协调与通信方案设计中，融合免疫系统的自组织、协调或者通信的先进理论，设计新颖的 MAS 协调与通信方式，将会在实际问题的求解过程中达到事半功倍的效果。这种思

考方式正是创新 MAS 建模理论方法和研究微小型 UUV 集群协同建模问题的思想源泉。

2.5.4 建模理论体系构建

免疫智能体交互网络的核心思想是融合 MAS 与生物免疫系统在建模理论与实践方面各自的优势，设计具有免疫计算机制和功能的 Agent 模型，利用受免疫网络启发的拓扑结构和协调机制实现 MAS 的行为交互和协商通信。为了更好地理解免疫智能体交互网络，给出相关定义与解释：

免疫智能体(immune-agent, IA)是一种由多种单元组成的具有 Agent 模型结构和生物免疫机制的计算模型，具有智能性、适应性、记忆性、学习性和进化性等特征，可完成复杂条件下的问题求解[20,38]。

免疫智能体交互网络(immune-agent interaction network, IAIN)是由多个 IA 模型通过拓扑结构组成的网络化结构，利用基本行为和通信动作的交互实现目标任务的求解。

免疫智能体交互网络建模方法作为一种新的 MAS 方法，通过网络结构形象地刻画 IA 静态结构和多 IA 之间的动态机制，实现对复杂系统现实模型—概念模型—计算模型—仿真模型的描述及数据可视化和模型修正化过程的建模，如图 2-11 所示。

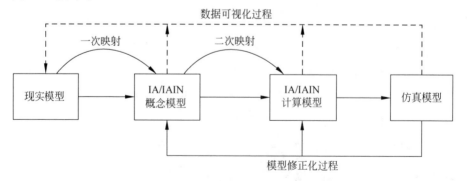

图 2-11 免疫智能体交互网络建模方法

静态结构描述免疫智能体交互网络的静态节点,通过结构和行为建模实现 IA 功能。

动态机制描述免疫智能体交互网络的动态协作与通信机制,通过免疫网络的拓扑结构和动力学模型实现免疫智能体交互网络的协商通信。

具体免疫智能体交互网络建模理论研究的三维构成如图 2-12 所示。在 X 轴的免疫智能体方向上,首先采用面向对象的 Agent 分析方法实现对现实模型的概念建模;其次,在 Agent 混合结构模型的基础上,利用免疫应答机制的多层次性,建立混合式免疫智能体模型;最后,利用免疫应答与选择机制设计 Agent 行为规则学习和演化模型。在 Y 轴的免疫智能体交互网络方向上,首先借鉴独特的免疫网络,提出一种新的 MAS 拓扑结构;其次,受免疫网络和市场机制的启发,设计一种全局网络与局部网络融合的协商通信协议,实现网络节点之间的协商与合作;此外还对交互网络框架下信息融合与目标跟踪的基础模型进行研究。在 Z 轴的仿真方向上,利用 NetLogo 仿真平台设计适应于免疫智能体交互网络的仿真支撑环境,并对典型应用场景进行仿真分析和三维可视化及逼真度研究。

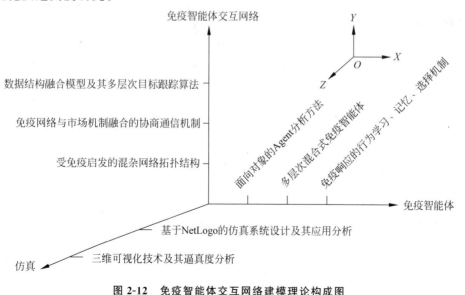

图 2-12 免疫智能体交互网络建模理论构成图

相对于传统的 MAS 建模与仿真方法,免疫智能体交互网络建模方法是一种新的 MAS 建模方法。其研究对象可以归纳为静态结构与动态机制:静态结构建模主要有 Agent 模型结构和行为学习;动态机制建模有拓扑结构、交互协议和信息融合等。研究重点是精确描述和刻画构成交互网络的个体模型、拓扑结构和协商模型。需要说明的是,免疫智能体交互网络的具体内容将结合微小型 UUV 集群协同建模在后续章节中详细展开。

2.6 建模方法设计

2.6.1 映射关系

微小型 UUV 集群协同建模的重点包括 UUV 个体智能性建模与多 UUV 协同性建模。免疫智能体交互网络作为一种新的 MAS 建模理论范式,其研究对象与微小型 UUV 集群建模重点相吻合。具体地,微小型 UUV 集群和免疫智能体交互网络系统在结构和功能上高度一致。在结构上,两个系统都是由具有分布性、智能性、适应性等特征的个体或模块组成,在一定环境条件下通过相互之间及与环境的交互达到一定目的;在功能上,个体或模块具有智能性和适应性,促使整个系统在开放和动态的环境中通过一定的拓扑结构和运行机制实现整体结构稳定。为此,以微小型 UUV 集群协同建模问题为导向,借鉴 MAS 建模理论,创新了免疫智能体交互网络理论方法。三者之间的映射关系如图 2-13 所示。

横向坐标主要分为问题、借鉴和方法创新三个选项。其中问题选项主要包括 UUV 个体智能性建模、多 UUV 协同系统建模和多 UUV 协同系统仿真实现与分析等关键问题;借鉴选项中主要利用 MAS 建模理论的成熟概念、方法和原理,从结构、组织和运行角度对多 UUV 系统进行分析;方法创新选项则主要结合 MAS 和生物免疫系统两者优势,提出免疫智能体交互网络来解决对应

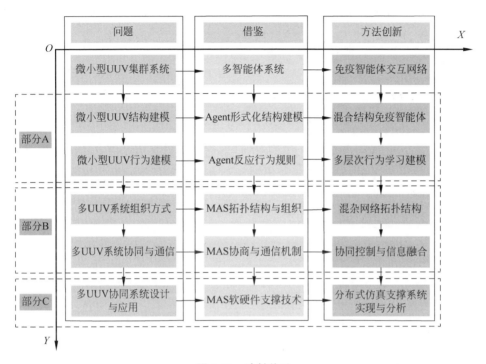

图 2-13 映射关系

的智能性、协同性和复杂性建模问题。

同样,从纵向坐标来看也由三个部分组成。部分 A 注重从 UUV 个体结构和行为两个方面进行研究,主要借鉴免疫智能体 X 轴方向上的建模理论,在第 3 章进行详细分析;部分 B 注重从多 UUV 协同系统的拓扑结构和协商通信及信息融合等方面进行研究,主要利用免疫智能体交互网络 Y 轴方向上协同建模的优势,在第 4 章和第 5 章进行详细分析;而部分 C 则注重 Z 轴方向上分布式仿真系统设计与应用,在第 6 章进行详细介绍。

2.6.2 概念建模

在水下应用场景中,根据协同系统的组织结构,每个微小型 UUV 个体可能分配不同或者相同角色。例如,微小型 UUV 集群采取"狼群"战术探测和围捕目标时，UUV分配相同的攻击者角色；当协同系统作为水下信息网络时，其中一个UUV作为信息融合中心存在，其余UUV个体作为信息采集点；当协同系统随机分布在特定水域进行游弋巡逻并在局部位置发现入侵目标时，在目标附近的UUV的角色由巡逻者转变为攻击者，而其余UUV则继续进行水下巡逻。不难看出，微小型UUV集群采取什么样的拓扑结构以及如何分配个体角色取决于具体场景和应用。因此，设计免疫智能体交互网络的微小型UUV集群协同的概念建模前，有必要给出Agent、任务、角色及它们之间关系的形式化概念及其分析。

Agent是指能够感知环境变化，具有一定能力采取行为动作，可与其他Agent或环境发生交互的运动实体。其可以表示为5元组：

$$Agent ::= \langle Identification, Attribute, Action, Interaction, Time \rangle \quad (2\text{-}1)$$

式中，Identification作为UUV的唯一标号，是区分不同角色UUV的标号；Attribute表示UUV的属性集合（运动属性、约束属性、能力属性等）；Action表示UUV采取的行为动作或策略；Interaction表示UUV产生的交互通信动作集合；Time表示UUV参与任务的时效要求。

任务(Task)是指交互网络或Agent个体为完成一定目标而要执行的行为活动，执行一直持续到终止条件或者任务完成。其可以表示为5元组：

$$Task ::= \langle Identification, Description, Goal, Role, Time \rangle \quad (2\text{-}2)$$

式中，Identification作为任务的唯一标号，是区分不同任务类型的标号；Description表示对任务的概要描述；Goal表示任务要达到的目标和效果；Role表示任务分配过程中需要的角色；Time表示任务的时效要求。

角色(Role)指Agent为了完成一定的任务，根据条件约束和个体能力等因素分配给不同的执行者，即Agent通过担当系统组织模型中的角色，承担角色相应的任务和获得相应的资源。角色往往具有依赖性、动态性和多样性等特点。其可以表示为4元组：

$$Role ::= \langle Identification, Description, Obligation, Time \rangle \quad (2\text{-}3)$$

式中，Identification作为角色的唯一标号，是区分不同角色类型的标号；

Description 表示角色相关的概要描述；Obligation 表示角色所要达到的目的和必须要执行的特定行为；Time 表示角色需要存在的时效要求。

任务-角色关系(task-role relationship,TRR)是指描述任务和角色之间的对应关系。不同的任务需要不同的角色关系,或者在同一个任务中也需要不同的角色。其可以表示为 3 元组：

$$\text{TRR} ::= \langle \text{Task},\text{Role},\text{Type} \rangle \tag{2-4}$$

式中,Task 表示所要执行的任务集合；Role 表示完成任务所分配的角色集合；Type 表示任务与角色的分配对应关系,具体包括六种：①$1 \to 1$,表示 1 个任务分配给 1 个角色；②$1 \to n$,表示 1 个任务分配给 n 个角色；③$n \to 1$,表示 n 个任务分配给 1 个角色；④$n \to n$,表示 n 个任务分配给 n 个角色；⑤$n \to m$ ($n \geqslant m$),表示 n 个任务分配给 m 个角色；⑥$n \to m$ ($n < m$),表示 n 个任务分配给 m 个角色。

角色-Agent 关系(role-agent relationship,RAR)描述角色和 Agent 之间的对应关系,每个 Agent 在任务中的角色相同或者不同。其可以表示为 3 元组：

$$\text{RAR} ::= \langle \text{Task},\text{Agent},\text{Protocol} \rangle \tag{2-5}$$

式中,Task 表示所要执行的任务集合；Agent 表示 Agent 集合；Protocol 表示 Agent 之间的通信协议,用于实现具体的行为交互。

任务-Agent 关系(task-agent relationship,TAR)描述任务与 Agent 之间的紧耦合对应关系。其可以表示为 2 元组：

$$\text{RAR} ::= \langle \text{Task},\text{Agent} \rangle \tag{2-6}$$

其概念示意图如图 2-14 所示。

任务-角色-Agent 关系(task-role-agent relationship,TRAR)以角色为纽带,建立任务与 Agent 之间的松耦合对应关系。其可以表示为 3 元组：

$$\text{RAR} ::= \langle \text{Task},\text{Role},\text{Agent} \rangle \tag{2-7}$$

其概念示意图如图 2-15 所示。

需要指出的是,图 2-14 中任务的每一个子活动或子任务往往是以任务与 Agent 的紧耦合来实现任务分配,而图 2-15 所建立的任务-角色-Agent 松耦合

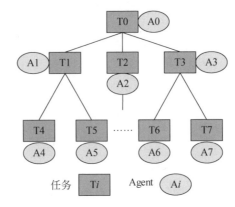

图 2-14 任务-Agent 紧耦合关系图

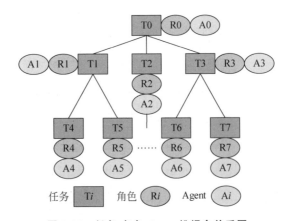

图 2-15 任务-角色-Agent 松耦合关系图

关系,通过任务-角色的多种分配关系可以灵活地实现任务分配。例如,如果任务 T3 和 T7 所分配的角色一样,在 Agent3 不能完成的情况下,可由 Agent7 完成,增强了协同系统的鲁棒性和健壮性[10]。

根据以上定义分析,结合任务-角色-Agent 的松耦合关系,面向微小型 UUV 集群协同的免疫智能体交互网络形式化概念建模可以形式化为 6 元组:

$$IAIN ::= \langle Agent, Task, Role, Interaction, Environment, Time \rangle \quad (2\text{-}8)$$

式中,Agent 表示协同系统中 UUV 个体,则协同系统由多个 UUV 构成;Task 表示水下任务;Role 表示 UUV 在任务过程中的角色;Interaction 表示各个 Agent 之间的通信交互；Environment 表示水下环境；Time 表示免疫智能体交互网络的时效。其概念设计原理如图 2-16 所示。

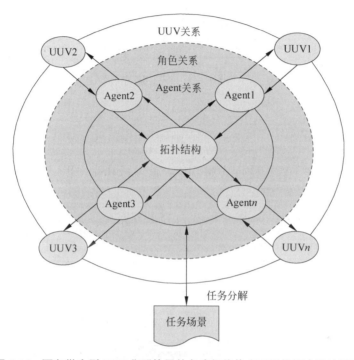

图 2-16　面向微小型 UUV 集群协同的免疫智能体交互网络概念设计原理

2.6.3　系统框架

根据免疫智能体交互网络概念设计原理，提出面向免疫智能体交互网络的微小型 UUV 集群协同建模框架，如图 2-17 所示。在图 2-17 中，建模框架主要内容包括三个方面：静态结构、动态机制和仿真实现。

（1）静态结构建模对应于图 2-13 部分 A，在免疫智能体的基础上，设计多层次混合式免疫智能体结构的微小型 UUV 智能性建模方法。

（2）动态机制对应于图 2-13 部分 B，包括集群协调和信息融合两个方面。依据拓扑结构、交互协议和通信语言之间的紧耦合特点，研究受免疫网络启发

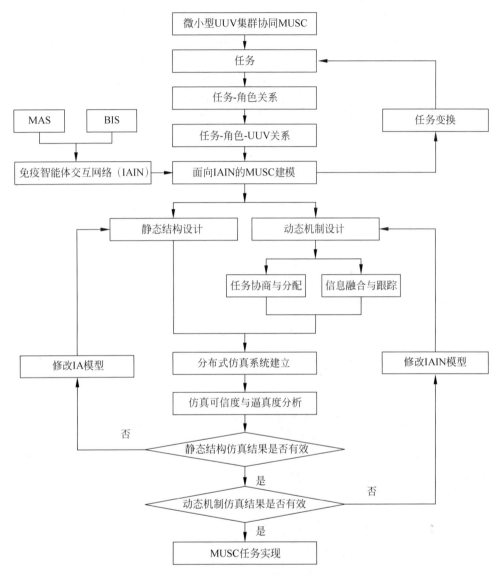

图 2-17 面向免疫智能体交互网络的微小型 UUV 集群协同建模框架

的混杂网络拓扑结构,以及开展约束条件下自适应动态协作与通信机制研究。针对免疫智能体交互网络框架下信息融合的目标跟踪问题,研究基于数据层融合结构的融合模型,设计多层次水下目标跟踪组合算法。

(3) 仿真实现对应于图 2-13 部分 C,设计基于 NetLogo 分布式仿真系统进行仿真应用分析,并对三维可视化及逼真度进行分析,提出一种基于突变理论与梯形模糊数的视景仿真逼真度评定方法,用于指导基于 Open Scene Graph 可视化系统的构建。

总的来看,免疫智能体交互网络既是一种新的 MAS 建模方法,又是一个结构松散耦合的分布式信息处理系统,通过微观和宏观分析实现微小型 UUV 集群协同的复杂内在机理,微观角度注重 UUV 智能性建模,宏观注重多 UUV 的协同性建模,并通过 NetLogo 仿真支撑环境对典型应用进行仿真应用分析。

2.6.4 方法对比

从面向免疫智能体交互网络的微小型 UUV 集群协同建模方法的设计可以看出,该建模方法采取自上而下分析、自下而上综合的思路,采用面向 Agent 对象(agent-based object-oriented,AOO)的概念建模方法,是在 MAS 建模的基础上,有效融合生物免疫系统相关免疫机制,形成的一种研究复杂系统的 MAS 理论新方法,可实现对协同系统的研究。

与传统复杂协同研究中的典型 MAS 建模方法[21,46-49]——Agent 交互链、Holon 建模和社会性 Agent 建模等比较而言,免疫智能体交互网络建模在分布性、动态性等特性上明显表现出更为强大的建模能力,特征对比如表 2-3 所示。具体到微小型 UUV 集群研究对象上,不仅能够满足智能性与协同建模需求,还可以更加清晰、形象、高效地支持协同系统的建模与仿真。

表 2-3　IAIN 建模与典型 MAS 建模方法的特性对比

特性	Agent 交互链建模	Holon 建模	社会性 Agent 建模	IAIN 建模
分布性	具备	具备	具备	具备
动态性	具备	具备(弱)	具有	具备
开放性	具备	具备	不具备	具备
层次性	具备(弱)	具备(强)	不具有	具备
适应性	具备	不具备	具备(强)	具备(最强)
智能性	具备(强)	具备(弱)	具备(强)	具备(最强)
协作性	具备(存在竞争)	具备	具备(存在竞争)	具备

续表

特性	Agent 交互链建模	Holon 建模	社会性 Agent 建模	IAIN 建模
可重用性	具备	具备	不具备	具备
记忆性	不具备	不具备	不具备	具备
组织结构	链式结构	多层递阶结构	结构无固定形式	网络结构

2.7 小结

本章从复杂系统与复杂性科学的研究角度出发,结合生物免疫机理与 MAS 的相关特性,提出免疫智能体交互网络建模与仿真方法,以微小型 UUV 集群、MAS 和免疫智能体交互网络之间的关联关系构建了二维映射坐标图,在此基础上设计面向免疫智能体交互网络的多 UUV 协同建模框架,注重从静态结构、动态机制和仿真实现等三个方面建立免疫智能体交互网络理论方法,并与典型 MAS 建模方法从十个角度进行了对比分析,论证了免疫智能体交互网络建模方法提出的合理性,为微小型 UUV 集群协同建模研究奠定了坚实的理论基础。

参考文献

[1] Office of the Under Secretary of Defense for Acquisition, Technology, and Logistics. Next-Generation Unmanned Undersea Systems[R]. Washington: Office of the Under Secretary of Defense, 2016.

[2] 严浙平, 刘祥玲. 多 UUV 协调控制技术研究现状及发展趋势[J]. 无人水下系统学报, 2019, 27(3): 226-231.

[3] TAO Z Q, LI C S, ZHANG H W, et al. Current trends in the development of intelligent unmanned autonomous systems[J]. Frontiers of Information Technology & Electronic Engineering, 2017, 18(1): 68-85.

[4] 王飞跃. 平行系统方法与复杂系统的管理和控制[J]. 控制与决策, 2004, 19(5): 485-489.

[5] 李伯虎, 柴旭东, 朱文海, 等. 现代建模与仿真技术发展中的几个焦点[J]. 系统仿真学报,

2004,16(9):1871-1878.
[6] 李柏.复杂约束下自动驾驶车辆运动规划的计算最优控制方法研究[D].杭州:浙江大学,2018.
[7] KNORN S,CHEN Z,MIDDLETON R H. Overview:Collective control of multiagent systems[J]. IEEE Transactions on Control of Network Systems,2016,3(4):334-347.
[8] MESBAHI M,EGERSTEDT M. Graph Theoretic Methods in Multi-agent Networks[D]. Princeton:Princeton University,2010.
[9] 安波,史忠植.多智能体系统研究的历史、现状及挑战[J].中国计算机学会通信,2014,10(9):8-14.
[10] 李雄,高世峰,崔巅博,等.复杂战争系统建模与仿真需求及ABMS方法[J].装甲兵工程学院学报,2008,22(6):33-38.
[11] 张淏酥,王涛,苗建明,等.无人水下航行器的研究现状与展望[J].计算机测量与控制,2023,31(2):1-7.
[12] VICSEK T,ZAFEIRIS A. Collective motion[J]. Physics Reports,2012,517:71-140.
[13] SAHOO A,DWIVEDY S K,ROBI P S. Advancements in the field of autonomous underwater vehicle [J]. Ocean Engineering,2019,181:145-160.
[14] 段海滨,李沛.基于生物群集行为的无人机集群控制[J].科技导报,2017,35(7):17-25.
[15] 李璐璐,朱睿杰,隋璐瑶,等.智能集群系统的强化学习方法综述[J].计算机学报,2023,46(12):2573-2596.
[16] ARIANA S P,COLIN,R T,NIKOLAI W F,et al. Visual sensory networks and effective information transfer in animal groups[J]. Current Biology,2013,23(17):709-711.
[17] 雷小康.从组群到分群:自组织群集运动的理论建模与分析[D].西安:西北工业大学,2017.
[18] 高云园.基于生物免疫机理的多机器人协作研究[D].杭州:浙江大学,2007.
[19] RAZA A,FERNANDEZ B R. Immune-inspired robotic applications: A review [J]. Applied Soft Computing Journal,2015,37:490-505.
[20] LIANG H T,KANG F J. Artificial immune intelligent modeling for UUV underwater navigation system using immune multi-agents network [J]. International Journal of Innovative Computing,Information and Control,2015,11(5):1525-1537.
[21] 康凤举,杨惠珍,高立娥,等.现代仿真技术与应用[M].北京:国防工业出版社,2006.
[22] SCHAUM A,BERNAL J R. Estimating state probability distribution for epidemic spreading in complex networks [J]. Applied Mathematics and Computation,2016,291:197-206.
[23] 许真珍,李一平,封锡盛.一个面向异构多UUV协作任务的分层式控制系统[J].机器人,2008,30(2):155-159.
[24] BIAN X Q,YAN Z P,CHEN T,et al. Mission management and control of BSA-AUV for ocean survey[J]. Ocean Engineering. 2012,55:161-174.
[25] 严浙平,赵玉飞,陈涛.海洋勘测无人水下航行器的自主控制技术研究[J].2013,34(9):1152-1158.

[26] LIU H B, GU G C, SHEN J, et al. AUV fuzzy neural BDI[J]. Journal of Marine Science & Application, 2005, 4(3): 37-41.

[27] 陈健瑞, 王景璟, 侯向往, 等. 挺进深蓝: 从单体仿生到群体智能[J]. 电子学报, 2021, 49(12): 2458-2467.

[28] 连琏, 魏照宇, 陶军, 等. 无人遥控潜水器发展现状与展望[J]. 海洋工程装备与技术, 2018, 5(4): 223-231.

[29] WALTER C, CLEMENS J. Complexity Science and World Affairs[M]. New York: State University of New York Press, 2013.

[30] BALMACEDA B, FUENTES M. Cities and methods from complexity science[J]. Journal of Systems Science and Complexity, 2016, 29(5): 1177-1186.

[31] THOMAS J, ZAYTSEVA A. Mapping complexity/human knowledge as a complex adaptive system[J]. Complexity, 2016, 21: 207-234.

[32] SVÍTEK M. Towards complex system theory[J]. Neural Network World, 2015, 25(1): 5-33.

[33] CAO L B, DAI R W, ZHOU M C. Metasynthesis: M-space, M-interaction, and M-computing for open complex giant systems[J]. IEEE Transactions on Systems, Man and Cybernetics, Part A, 2009, 39(5): 1007-1021.

[34] 金伟新, 肖田元. 基于复杂系统理论的信息化战争体系对抗仿真[J]. 系统仿真学报, 2010, 10: 2435-2445.

[35] 刘程岩. 复杂系统研究的认识论原则[J]. 系统科学学报, 2015, 4: 22-25.

[36] OU C M. Host-based intrusion detection systems adapted from agent-based artificial immune systems[J]. Neurocomputing, 2012, 88: 78-86.

[37] WENG L G, LIU Q S, XIA M, et al. Immune network-based swarm intelligence and its application to unmanned aerial vehicle (UAV) swarm coordination[J]. Neurocomputing, 2014, 125: 134-141.

[38] 马笑潇, 黄席樾, 柴毅, 等. 一种新的领域智能体: 免疫智能体[J]. 高技术通信, 2003, 13(1): 72-75.

[39] OH H, SHIRAZI A R, SUN C L, et al. Bio-inspired self-organising multi-robot pattern formation: A review[J]. Robotics and Autonomous Systems, 2017, 91: 83-100.

[40] 肖人彬, 王磊. 人工免疫系统: 原理、模型、分析及展望[J]. 计算机学报, 2002, 25(12): 1281-1293.

[41] 杨海东, 郭建华, 邓飞其. 人工免疫系统集成与应用[M]. 北京: 科学出版社, 2010.

[42] QIAN S Q, YE Y Q, JIANG B, et al. Constrained multiobjective optimization algorithm based on immune system model[J]. IEEE Transactions on Cybernetics, 2016, 46(9): 2056-2069.

[43] BAGGA P, SHARMA V. A Biological Immune System (BIS) inspired Mobile Agent Platform security architecture[J]. Expert Systems with Applications, 2017, 72: 269-282.

[44] FRICKE G M, HECKER J P, CANNON J L, et al. Immune-inspired search strategies for robot swarms[J]. Robotica, 2016, 34(8): 791-810.

[45] KHAN M T,CLARENCE W D S. Multi-robot cooperation using an immune system model for multi-object transportation[J]. International Journal of Robotics and Automation,2013,28(1):42-56.

[46] 韩翃,康凤举,王圣洁.作战推演系统中的Holon多分辨率建模方法研究[J].兵工学报,2016,37(11):2136-2147.

[47] 徐皓.多UUV系统作业关键技术研究[D].西安:西北工业大学,2016.

[48] OSTERLOH J P,BRACKER H,MULLER H,et al. DCoS-XML:A modelling language for dynamic distributed cooperative systems[C]//2013 IEEE International Conference on Industrial Informatics,2013:774-779.

[49] ESMAEILI A,MOZAYANI N,MOTLAGH M R J,et al. The impact of diversity on performance of holonic multi-agent systems[J]. Engineering Applications of Artificial Intelligence,2016,55:186-201.

3 单体智能性建模

3.1 引言

在动态、开放、复杂的海洋环境中,微小个体作为UUV集群协同系统的网络节点,其环境适应能力、状态调节能力和问题求解能力决定了其学习、规划、推理、决策等智能特性,也影响协同系统的协同通信、任务分配和信息融合等群体行为。因此,如何对单体智能特性进行建模显得尤为重要[1-4]。

目前,Agent技术已被国内外学者引入到UUV个体智能性建模。例如,顾国昌[5]等借鉴了神经生理结构模型,提出了包含感知区、反射区和慎思区的AUV心智模型,并定义了其完备的心智逻辑语法和语义。严浙平等[6]针对无人水下航行器的海洋勘测任务,提出了一种基于MAS的自主控制技术,并采用离散事件驱动的Petri网形式化建模完成使命控制。另外他们还提出了混合式智能体模型来构建多水下机器人的结构体系[7],以及利用多智能体Q学习算法实现多AUV的协调控制[8]。陈宗海等将机器人系统内部各部件如探测、推理、动力等分别抽象为Agent,然后利用MAS模型构建机器人个体智能性,实现各个控制部件间的协调控制[9]。徐皓利用社会性智能体的合作、协商、竞争和对抗等交互行为,研究了基于社会关系角色-Agent模型来构建UUV智能模型[10]。然而,目前的研究工作大多强调运用Agent的不同特点来表现UUV外在特性或利用MAS简单刻画UUV模型结构组成,很少讨论利用Agent相关理论和技术来实现UUV内部结构的逻辑、控制和自主行为的学习、演化、更新等智能特性[11-12]。

本章的研究目的是设计组成免疫智能体交互网络静态结构的免疫智能体，构建 UUV 的多层次混合结构，实现自主行为的不同分辨率智能特性建模，满足 UUV 行为反应、规划和学习。具体内容包括：在研究 Agent 混合结构的基础上[13]，设计多层次混合结构的免疫智能体；采用面向对象的分析方法实现积木式模块化的 UUV 模型抽象，由此提出多层次混合式的免疫智能体 UUV 模型；重点设计知识库、状态集、规则库、行为协调器、行为规划器和行为学习器等关键组件，实现行为规则的自主反应、规划和学习，为微小型 UUV 集群协同建模奠定基础。

3.2 免疫智能体

3.2.1 Agent 元模型结构

Agent 结构是 MAS 建模与仿真理论方法的基础，MAS 复杂性都是通过 Agent 结构模型中的行为反应、规划、学习机制，以及与其他 Agent 和环境的交互通信来体现。目前，研究人员针对各自不同的应用实践提出了许多不同的 Agent 结构，并试图从不同的角度实现 Agent 元模型（agent-meta，AM）的构建。目前，元模型主要分为慎思型智能体、反应型智能体和混合型智能体。

1. 慎思型智能体

慎思型智能体（deliberative agent，DA）元模型是一个基于知识的显式符号模型，其拥有状态适应、知识表示、环境表示、问题求解等能力，可完成对环境和智能行为的逻辑推理，在分布式人工智能中占有主导地位。最为著名的慎思型智能体结构是信念-愿望-意图（belief-desire-intention，BDI）模型，其中信念、愿望和意图分别代表其拥有的知识、能力和想要达到的目标，通过上述三类意识状态来刻画智能体的结构，达到实现智能行为规划的目的，慎思型智能体模型结构如图 3-1 所示。

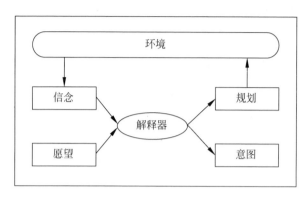

图 3-1　慎思型智能体元模型结构

2. 反应型智能体

基于符号/逻辑方法的慎思型智能体模型构造过程中遇到了符号表达过程复杂、逻辑推理费时等问题，导致一些研究人员开始怀疑并最终否定这种方法的基本设想。他们认为仅通过削弱逻辑语言表示、减少逻辑谓词等手段对慎思型智能体模型进行改变和简化，并不能满足构造时间约束条件下 Agent 运行的需求，基于此反应型智能体(reactive agent，RA)元模型应运而生。其支持者认为，Agent 的智能取决于感知和行为，通过"条件-动作"模型使 Agent 可以像人类一样逐步进化，在此过程中无需知识和推理。典型的反应型智能体模型结构如图 3-2 所示，其中动作规则是 Agent 将感知与行为连接起来的纽带。

3. 混合型智能体

可以明显看出，慎思型智能体相对于反应型智能体具有较高的智能性，但是无法对环境的变化进行及时动态适应，更不能快速响应外来交互信息。反应型智能体能及时而快速地响应外来信息和环境变化，但其智能程度较低，也缺乏足够的灵活性。因此，混合型智能体(hybird agent，HA)元模型被提出来以克服两者模型功能不够全面、结构不够灵活的缺点，实现慎思型和反应型智能体优势的有效融合。一般地，混合型智能体元模型由多个慎思子系统和反应子

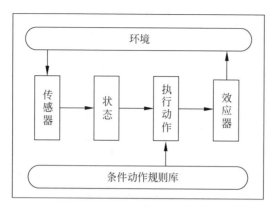

图 3-2　反应型智能体元模型结构

系统组成,分别用于处理慎思行为和反应行为,而且两者具有明显的层次结构。典型的混合型智能体模型结构如图 3-3 所示。

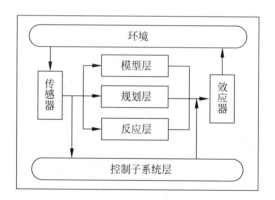

图 3-3　混合型智能体元模型结构

总的来说,混合型智能体是一种 Agent 自主行为与协同耦合的实时反应智能体元模型,具有较强的灵活性和高效的快速响应性。为此,选择混合型智能体元模型可构建兼具实时反应、规划和学习的多层次 Agent 模型。

3.2.2　混合免疫智能体

免疫智能体作为一种融合生物免疫系统和 MAS 建模优势的 Agent 计算

模型,被提出用来设计免疫智能体交互网络的静态结构。其采用混合型智能体元模型结构,借鉴免疫应答机制和免疫选择机制,改善和克服 Agent 建模在识别、学习、记忆和选择等方面的劣势,实现 Agent 在系统、模型与行为上建模理论的丰富性[14-18]。

免疫智能体(immune-agent,IA)是一种由多种单元组成的具有 Agent 模型结构和生物免疫机制的计算模型,具有智能性、适应性、记忆性、学习性和进化性等特征[14],可完成复杂条件下的问题求解。其可以表示为 10 元组:

$$IA::=\langle Antigen, Antigen\ Base, Antibody, Antibody\ Base,$$
$$Antigen\ Presenting\ Units, Memory\ Units, Immune$$
$$System\ Knowledge\ Base, Reasoning\ Units, Antibody$$
$$Knowledge\ Base, Action\rangle \tag{3-1}$$

式中,Antigen 表示抗原;Antigen Base ::=⟨Antigen1,Antigen2,…,Antigen n⟩表示抗原数据库;Antibody 表示抗体;Antibody Base ::=⟨Antibody1,Antibody2,…,Antibody n⟩表示抗体数据库;Antigen Presenting Units 表示抗原呈递单元,主要对抗原特征进行提取;Memory Units 表示 IA 的记忆单元;Immune System Knowledge Base 表示 IA 的知识库;Reasoning Units 表示对抗原识别的推理单元;Antibody Knowledge Base 表示获得性免疫过程应答的知识库(抗体知识库);Action 表示 IA 内部逻辑动作,其可以表示成一个 5 元组:Action::=⟨Elimination,Recognition,Learning,Memory,Selection⟩,表示识别、学习、选择、记忆和消灭抗原的动作元。

在具体的免疫智能体结构与逻辑关系图 3-4 中,免疫智能体抗原呈递单元对抗原进行特征匹配和行为提取,如果抗原结构简单则通过固有免疫直接产生抗体对抗原进行消灭,如果抗原结构复杂则进入免疫系统知识库进行分析和识别,并通过推理单元进行获得性免疫响应的推理。如果识别和推理抗原为新的抗原特征,对抗原特征进行抗原数据库的记忆保存,并模拟初次应答,产生抗体消灭抗原,同时将性能和结构最优的抗体保存在记忆单元;如果识别和推理抗原为结构和行为特征相同或者相似的抗原,则模拟再次应答,通过记忆单元直接产生抗体。同时,在免疫智能体逻辑结构运行过程中通过识别、学习、记忆和消灭等动作元实现各种单元与数据库的连接,体现出信息处理系统的识别、学习、记忆及层次性等特点。

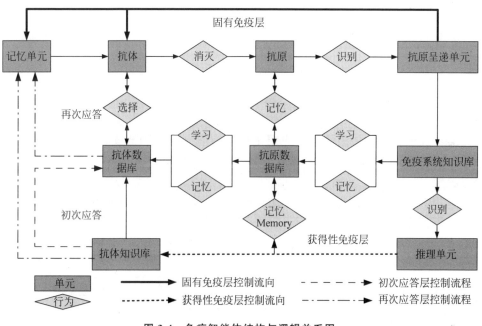

图 3-4 免疫智能体结构与逻辑关系图

总的来说,免疫智能体是一种由免疫单元(抗体和抗原)、处理单元、动作行为和知识库组成的含有固有免疫和获得性免疫(初次应答和再次应答)应答机制的多层次混合智能体模型,通过识别、学习、记忆、选择等行为实现目标求解。其主要特点概括如下:

(1) 免疫智能体本质上是具有免疫功能的 Agent 计算实体。免疫智能体由于免疫应答机制的学习、记忆、识别和选择等功能的加入使 Agent 模型特点更加丰富,而且能够在理论与实践上形成优势互补,达到提高 Agent 智能性建模的要求。

(2) 免疫智能体结构是具有免疫响应的多层次混合智能体模型。受到免疫应答机制的启发,利用固有免疫体现 Agent 的反应结构和获得性免疫体现

Agent 的慎思结构,总体混合智能体模型的层次结构融合了 Agent 反应与慎思两种结构的优点。

(3) 免疫智能体模型是一个由多单元和动作元组成的开放信息处理模型,可以由多个免疫智能体模型按拓扑结构与协作机制组成一个松散耦合的免疫智能体交互网络模型。

3.2.3 映射关系建模

为了理解免疫智能体模型应用于单体智能性建模的过程,依据结构和功能相似性特点[19-20],建立两者的近似映射关系如表 3-1 所示。

表 3-1　微小型 UUV 模型与免疫智能体模型近似映射关系

免疫智能体模型	微小型 UUV 模型
抗原	水下环境/任务
自体	UUV 正常/安全环境要素
非自体	UUV 故障/危险环境要素
抗原呈递细胞	传感器
T 细胞	决策控制
B 细胞	运动控制
细胞因子	通信
记忆细胞	知识库/数据库
抗体	自主行为规则/策略

(1) 抗原是诱导免疫系统产生免疫应答的物质,可以表达为水下环境(水下静态和运动目标)、任务等。

(2) 自体是生物体内细胞或无害的体外细胞,可以表达为 UUV 正常或安全环境要素。

(3) 非自体是生物体外有害的细胞,即病原体,可以表达为 UUV 故障、危险环境要素或任务。

(4) 抗原呈递细胞能够摄取、处理抗原并将抗原信息呈递给 B 细胞和 T 细胞,起到天然的免疫监视作用,可以表达为 UUV 声呐等,能够感知水下环境。

(5) T 细胞产生于胸腺,主要功能是调节 B 细胞的活动,可以表达为 UUV 决策控制模型,实现信息融合、任务分配、运动控制等高层次规划功能。

(6) B 细胞产生于骨髓,主要功能是分泌抗体,可以表达为 UUV 运动控制行为策略方案。

(7) 细胞因子构成免疫系统的信息传递通道,可以表达为 UUV 模型中的通信设备,实现传感器、控制结构和推进结构的互连、互通、互操作。

(8) 免疫细胞初次遇到抗原时分化成效应细胞消灭抗原,同时会保留一定数量的 B 细胞来存储抗原信息,这部分细胞即为记忆细胞。当再次遇到该抗原时,记忆细胞能够快速响应消灭抗原,其可表达为 UUV 携带的知识库或数据库,记忆或存储成功案例,如再次遇到相同或相似目标时能够快速实施对目标的应用措施。

(9) 抗体是指 B 细胞产生的能与抗原进行特异性结合的免疫球蛋白,其可表达为完成环境或任务时,UUV 执行的具体行为规则或策略。

3.3 混合式免疫智能体 UUV 模型

3.3.1 功能模块抽象

微小型 UUV 模型采用面向对象分析(object-oriented analysis,OOA)方法对其物理模型依据对象、属性、功能、函数、关系和状态等元素进行积木式模块化结构划分和抽象,主要分为感知模块、通信模块、控制决策模块、动力推进模块和知识库模块五个模块[8-9,19,21],其结构划分与抽象如图 3-5 所示。

(1) 感知模块(sensing module)主要功能是获取传感器信息并进行实时提取和处理。其中传感器功能分为两类:感知自身状态和感知海洋环境。

(2) 通信模块(communicator module)主要功能是负责 UUV 内部通信节点的通信和共享,包括无线电通信系统和 Wi-Fi 无线网络,以及与外界环境或

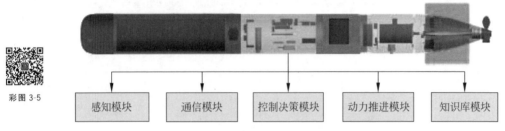

彩图 3-5

图 3-5　UUV 积木式模块化结构示意图

其他 UUV 之间的交互通信。

（3）控制决策模块（control decision-making module）是 UUV 水下自主运动实现的核心，主要包括使命控制和运动控制。使命控制负责 UUV 的路径规划、任务规划、决策分析和特定离散事件处理等上层控制，而运动控制则负责航向、航速、航深等运动状态的实时控制。

（4）动力推进模块（propulsion module）主要功能是为 UUV 水下运动提供能源和推进，通过水平舵、垂直舵和推进器来完成水下运动。其中，垂直舵控制水平航向，水平舵控制垂直深度，推进器控制速度。

（5）知识库模块（knowledge module）主要包括专家先验知识和一些具体应用算法集合，如目标跟踪和识别等，以及用于保存运动、通信和探测等实时数据和中间数据。

通过以上五个模块的积木式划分，不仅可以清晰地看出 UUV 的主要组成部件，而且可以梳理各个部件之间信息控制与处理的逻辑关系，还能实现 UUV 在建模过程中的模块化、可重用性设计。

3.3.2　层次式模型

根据 UUV 系统的抽象模型及适应微小型 UUV 集群协同建模的需求，提出多层次混合式免疫智能体结构的免疫智能体 UUV，其逻辑结构如图 3-6 所示。

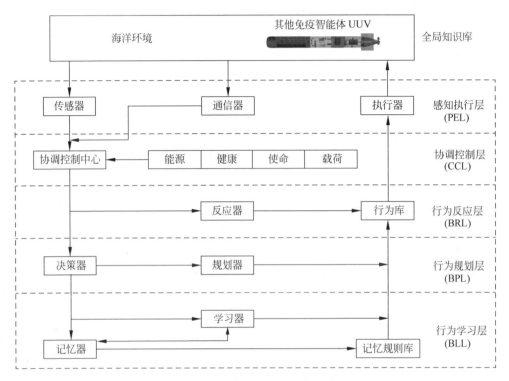

图 3-6 免疫智能体 UUV 逻辑结构图

可以看出,免疫智能体 UUV 是一个由感知执行层、协调控制层、行为反应层、行为规划层和行为学习层构成的五层逻辑控制系统,下面对各层功能和特点进行详细分析。

(1) 感知执行层(perception-executing layer,PEL)是 UUV 与环境和其他个体交互的统一接口,主要包括传感器、通信器和执行器。其中,传感器源于 UUV 感知模块,用于感知复杂环境;通信器源于 UUV 通信模块,不仅表示个体内部的通信逻辑,还用于与其他个体进行信息交互;执行器源于 UUV 动力推进模块,用于执行自主行为规则或策略以适应环境和任务。

(2) 协调控制层(coordination-control layer,CCL)代表了多层次混合式结构的核心,是一个信息协调和分类中心,主要依据传感器和通信器获取的外界环境信息或其他个体请求,综合考虑能源、健康、使命和载荷等约束条件,判断环境或任务的复杂情况或紧急状况以进行信息分类。其中,能源约束主要负责能源的适配以保障动力供应;健康约束主要负责电子、机械等设备和元件的故障诊断和容错;使命约束主要包括任务使命相关算法、约束信息和相关的专家先验知识;载荷约束主要依据 UUV 能源、健康和使命等信息进行传感器、通信器和执行器的开关控制。

(3) 行为反应层(behavior-reacting layer,BRL)在任务、环境相对简单或极其复杂的情况下被激活。CCL 根据接收的外界环境状态与任务使命进行信息分类,如果感知到的是相对简单或极其复杂的情况,依据信息在行为库中进行模式匹配后将行为规则或策略直接送达反应器。这是因为环境和任务简单时不需要时间进行思考,在极其复杂时也没有时间裕度进行行为规则的细粒度规划与学习,只能在专家制定的原始规则库中进行模式匹配。

(4) 行为规划层(behavior-planning layer,BPL)在任务紧急或环境复杂的情况下被激活。CCL 依据接收的外界环境或任务状态通过决策器进一步对信息进行分类,如果感知任务紧急、环境复杂或者时间裕度充分时,通过慎思过程进行规划处理。具体决策过程根据信息进行两类处理:①复杂情况能够通过知识库推理和规划得到求解时,则行为规划方案通过规划器分析送达反应器进行行为自主反应;②复杂情况不能通过知识库决策和规划求解时,需将信息送达行为学习层进行更高分辨率行为自主规则的学习。

(5) 行为学习层(behavior-learning layer,BLL)代表了 UUV 自治程度和智能水平的最高层次。如果任务或环境的复杂情况被判定超过了 BPL 规划的能力,则 BLL 被激活进行行为规则的演化与学习。学习器根据复杂情况(使命、载荷、能源、健康)的状态和相关专家先验知识进行学习,作出全局规划和决策,并将最优方案保存在记忆数据库当中,以备遇到相同或者相似情况,能够快速、准确地进行反应。

需要指出的是:①BRL、BPL 和 BLL 是按照从低到高的智能行为分辨率分析方式来进行行为反应、规则、学习与更新;②在多层次的 UUV 模型中,PEL、CCL、BRL、BPL 和 BLL 是相互配合与深度耦合的自上而下的递进层次关系；③在层次化结构中，知识库、数据库、行为规则库和记忆规则库在为 UUV 逻辑控制提供支撑的同时还在进行持续不断的更新与分布。

3.3.3 模型特点

（1）免疫智能体 UUV 采用分层混合式智能体元模型结构。在 BRL，如果感知到任务、环境相对简单或极其复杂的情况，根据分类信息直接在行为库中进行模式匹配，并将匹配规则送达反应器，其反映了反应型智能体结构模型，突出的是快速性。在 BPL 和 BLL，如果感知到任务复杂或时间充裕的态势，则通过慎思过程对信息进行推理、规划与决策，其反映了慎思型智能体结构模型，突出的是智能性与灵活性。

（2）免疫智能体 UUV 本质上是一个包含免疫智能体逻辑的多层递阶信息处理系统。在 BRL，如果感知到的是简单或极其复杂态势，则根据相关决策信息在规则库中进行信息匹配，将匹配规则经过行为库送达反应器，其对应免疫智能体的固有免疫过程，快速直接消灭抗原。在 BPL，如果感知到任务复杂或时间充裕的态势，则通过慎思过程将信息送达规划器，进行推理、规划与决策，其对应于获得性免疫过程，对抗原特征的呈递、抽象和识别，往往需要花费较长时间。在 BLL，全面模拟了免疫智能体的获得性免疫过程中的初次应答和再次应答过程，并通过记忆单元保存和更新抗体库，在下次遇到相同或相似结构时，可以直接快速响应。可以清晰地看出，BRL、BPL 和 BLL 全面详细地模拟了免疫智能体机理。

（3）免疫智能体 UUV 采用模块化逻辑单元设计。在 PEL、CCL、BRL、BPL 和 BLL 采用模块化设计，通过各个逻辑单元之间的信息互联实现反应、慎思和学习记忆过程，而且知识库、规则库和记忆规则库也在不断地分布与更新。总之，这种模块化设计便于软件实现和系统集成，可提高系统的通用性和可重用性。

（4）免疫智能体 UUV 设计重点围绕提高 UUV 的智能性建模。在多层次的模型框架中,智能性建模的高低主要通过行为规则的反应、规划、学习、演化及更新来表达。概略地讲,在 BRL、BPL 和 BLL 中根据任务或环境的具体情况,采用"简单"情况至反应器、"一般"情况至规划器、"复杂"情况至学习器的递阶层次智能信息处理结构,并且同步进行知识库和行为库的维护和更新。

(5) 免疫智能体 UUV 具有较强的灵活性、适应性、耦合性和鲁棒性。首先,CCL 采用协调控制中心来实现各种不同任务、环境等信息的分类,从而使该结构模型具有较强的灵活性和适应性;其次,BRL、BPL 和 BLL 可根据不同情况实施不同行为规则策略,实现从低到高的不同分辨率行为自主学习与演化,具有较高的处理速度和耦合能力;最后,在对不同情况的任务和环境进行协调与分类时,综合考虑了能源、健康、使命和载荷等约束条件,增强了系统的鲁棒性和健壮性。

总的来说,这种设计不仅封装了多种属性和功能,包括状态属性、规划能力、决策能力、反应能力和学习能力,而且结构层次分明,模块划分明确,逻辑控制清晰,贴近 UUV 结构控制和行为逻辑,能够满足集群协同对 UUV 智能性的要求。

3.3.4 形式化描述

免疫智能体 UUV 是指具备多层次混合式免疫智能体功能的 UUV 计算模型,其显著特点是具有高自治性和智能性,封装了学习能力、决策能力、反应能力、规划协调能力等能力属性。其可以表示为 8 元组:

$$UUV ::= \langle ID, Type, Role, GS, KB, RB, SS, PS \rangle \quad (3-2)$$

式中,ID::⟨UUV 标识⟩,作为 UUV 个体的唯一标号,用于区分不同个体,每一个微小个体对应唯一的标识。Type::⟨UUV 类型⟩,描述 UUV 协同系统的功能类型,例如,探测型、供给型、远程型、攻击型、防御型等各种类型的 UUV。Role::⟨UUV 角色⟩,描述 UUV 在协同网络结构中的角色,进攻方、防御方、领航者、跟随者、发送者、接收者等不同类型的各种角色。GS::⟨Goal

Set⟩，目标集指 UUV 所要达到的个体目标和为了整体的利益所要达到的集体目标，如果个体利益与集体利益发生冲突时，设定个体利益至上。例如在多 UUV 协同搜索目标的任务中，每个个体的目标一致，但是当某一个体遇到水下障碍，则其首要目标是规避障碍，保存自身能力，而协同系统其余个体的目标依然是执行搜索任务。KB::⟨Knowledge Base⟩，知识库主要包括 UUV 自身感知、动力推进、控制决策和通信模块的知识及各类专家经验，涵盖探测识别、信息融合、智能控制等各种基础模型、算法和参数。RB::⟨Rule Base⟩，行为规则库。当 UUV 在面临简单或极其复杂的任务时，直接通过行为规则库激活，将任务特性当作条件输入，与行为规则库的条件部分进行匹配，如果匹配成功则立刻执行相对应的动作。如果没有匹配成功，或者面临复杂或时间充裕的任务时，则通过学习中心进行规则演化学习，将最新产生的行为规则进行规则记忆，并同步更新到行为规则库，在下次遇到相同或相似的情况时，能够快速响应。SS::⟨State Set⟩，表示 UUV 状态集，主要包括使命、健康、能源和载荷状态。其中，使命状态主要指 UUV 所要完成的任务使命状态，主要包括协同搜索、规避障碍、协同攻击等水下场景应用；健康状态包括个体的机械故障、电子元件故障、机体损伤等状态信息；能源状态用于刻画个体动力能源特性；载荷状态主要是针对使命状态、健康状态和能源状态等约束条件所对应的开关控制策略。PS::⟨Plan Set⟩，表示 UUV 规划集，是指个体遇到复杂环境或任务时，为保证自身状态稳定及任务完成，进行的局部和全局规划，以利于自主行为规则或策略序列的产生。

3.4 关键组件设计

在免疫智能体 UUV 模型设计过程中，知识库、状态集和规则库是免疫智能体 UUV 内部逻辑和自主行为推理、决策建模的支撑组件，行为协调器、行为规划器和行为学习器是其行为规划与控制的核心组件，这些组件共同构成了实现智能性建模的基础,将为微小型 UUV 集群应对复杂环境和场景奠定基础。为此,重点探讨这六个关键组件的设计。

3.4.1 知识库

知识库主要用于存储、调度和更新各种类型的知识,是微小型 UUV 实现智能化的支撑组件。知识库涵盖水下环境、任务使命、应用场景、个体行为等多个层面的知识体系。为实现知识的动态添加、删除和更新,采用面向对象建模的思想设计便于继承和扩展的知识对象类,如图 3-7 所示。

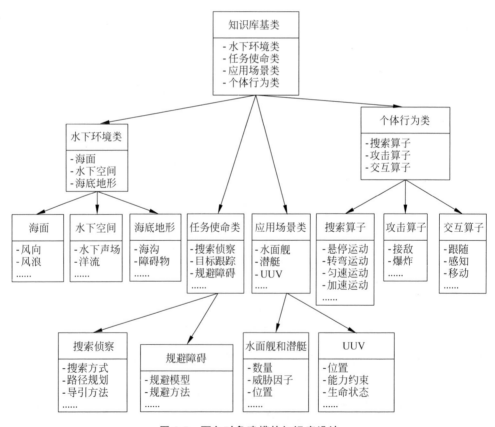

图 3-7 面向对象建模的知识库设计

知识库基类（BaseObject）包括四个子类：水下环境类（EnvironmentObject）、任务使命类（MissionObject）、应用场景类（ApplicationObject）和个体行为类（BehaviorObject）。

水下环境类包括三个子类：海面（Surface）、水下空间（Space）和海底地形（Terrain）。其中，海面包括风向（WindDirection）和风浪（Wave）等，水下空间包括水下声场（AcousticField）和洋流（Current）等，海底地形包括海沟（SeaTrough）和障碍物（Obstacle）等。

任务使命类包括四个子类：搜索侦察（Search）、目标跟踪（Tracking）和规避障碍（ObstacleAvoidance）等。其中，搜索侦察包括搜索方式（SearchMode）、路径规划（PathPlanning）和导引方法（GuidanceModel）。搜索方式有方波形、三角波形和圆形等。路径规划封装全局和局部路径预规划算法及专家经验，如可视图法、切线图法、Voronoi 图法、拓扑图法、栅格法、惩罚函数法等。导引方法主要封装尾追法、提前角法和比例法等。规避障碍封装规避模型（ObstacleAvoidanceModel）和规避方法（ObstacleAvoidancApproach）等，例如人工势场法、滚动窗口法、启发式算法等。以上这些方法和模型同样以对象类进行封装，以便继承与调用。

应用场景类包括集群应用场景中涉及的实体模型：水面舰（Warship）、潜艇（Submarine）和 UUV 等。其中，水面舰和潜艇主要封装数量（Quanlity）、威胁因子（Threaten Degree）和位置（Position）等信息，UUV 主要封装其动力学、运动学及约束条件，例如位置（Position）、能力约束（CapabalityConstrate）和生命状态（LifeState）等。

个体行为类包括三个子类：搜索算子（SearchOperator）、攻击算子（AttackOperator）和交互算子（InteractionOperator）。其中，搜索算子封装悬停（Hovering）运动、转弯（Turn）运动、匀速（Constant）运动和加速（Accelerate）运动等；攻击算子封装接敌（ReachingTarget）和爆炸（Exploding）等；交互算子包括跟随（Following）、感知（Perceiving）和移动（Moving）等。

这些知识虽然利用继承和封装等面向对象的手段实现了知识分类，但是如何从语法上更加准确地实现不同粒度知识的形式化描述对了解知识的提取和聚合显得尤为重要。传统的描述方法主要有 Object-Z 语言和 C++语言，但是这些语言存在表达知识能力不够强、阅读性较差的特点。这里选择巴克斯-诺尔范式（Backus-Naur form，BNF）[22]，BNF 是一种典型的上下文无关文法的元语言，相对于传统语言，它可以严格地表示语法规则。

知识库中要形式化实现的知识涵盖环境、任务、目标、状态等多个维度不同粒度的知识，通过 BNF 中代码的分解和合并来实现知识的提取与聚合。为了更好地理解 BNF 知识的形式化表示，这里以 UUV 模型穿越障碍物区到达目标区域搜索并攻击入侵水面舰为例，从细节层次和详细程度两个方面对不同粒度的知识加以说明，具体描述如下。

〈应用场景〉∷=〈预规划描述〉〈应用模型描述〉〈环境描述〉〈任务描述〉〈行为描述〉
〈预规划描述〉∷=〈路径预规划〉〈避障预规划〉
〈应用模型描述〉∷=〈UUV 模型〉〈水面舰〉〈交互关系〉
〈UUV 模型〉∷=〈UUV-ID〉〈生命状态〉〈约束条件〉〈运动信息〉
〈水面舰〉∷=〈Warship-ID〉〈威胁因子〉〈运动信息〉
〈交互关系〉∷=〈UUV-ID〉〈Warship-ID〉
〈生命状态〉∷=〈健康〉〈电子故障〉〈机械故障〉〈机体损伤〉〈敌方击毁〉
〈约束条件〉∷=〈能源约束〉〈感知范围〉〈时间窗口〉
〈运动信息〉∷=〈位置〉〈速度〉〈深度〉
〈环境描述〉∷=〈海面〉〈水下空间〉
〈环境描述〉∷=〈关联关系〉〈海面〉〈水下空间〉
〈隶属关系〉∷=〈Warship-ID-海面〉〈UUV-ID-水下空间〉
〈海面〉∷=〈风向〉〈风浪〉
〈水下空间〉∷=〈洋流〉〈水下声场〉
〈洋流〉∷=〈流向〉〈流速〉
〈水下声场〉∷=〈噪声强度〉
〈任务描述〉∷=〈水下搜索〉〈路径规划〉〈规避障碍〉
〈水下搜索〉∷=〈水下搜索〉〈规避障碍〉
〈水下搜索〉∷=〈搜索方式〉〈路径规划〉〈导引方式〉
〈搜索方式〉∷=〈方波形搜索〉
〈路径规划〉∷=〈惩罚函数法〉
〈导引方式〉∷=〈尾追法〉
〈规避障碍〉∷=〈规避模型〉〈规避方法〉
〈规避模型〉∷=〈目标吸引与障碍排斥模型〉
〈规避方法〉∷=〈人工势场法〉
〈个体行为〉∷=〈搜索算子〉〈避障算子〉〈攻击算子〉

不难看出，BNF 知识库描述方法能清晰、有效地描述免疫智能体 UUV 模型中元模型和元元模型知识，不仅可实现知识的快速提取与聚合，而且方便知识的动态扩展与更新。

3.4.2 状态集

免疫智能体 UUV 状态转移过程可以表示为 4 元组：

$$SS::=\langle f_{ecp}, f_a, f_{is}, st_0 \rangle \tag{3-3}$$

式中，$f_{ecp}::\langle \text{Environmental Characteristic Perception Function} \rangle$，表示环境特征感知函数：$f_{ecp}=[E_s(M,P,E) \Rightarrow P_s]$，其中 E_s 为 UUV 根据任务使命 M、能源状态 P 和环境状态 E 等形成的指令集合，P_s 是环境特征集合；$f_a::\langle \text{Action Function} \rangle$，表示行为动作函数：$f_a=[P_s \otimes ST_i \Rightarrow A]$，其中 ST 表示免疫智能体 UUV 的状态集合，A 表示 UUV 作为应对 P_s 的行为动作集合；$f_{is}::\langle \text{State Function} \rangle$，表示状态函数：$f_{is}=[P_s \otimes A \otimes ST_i \Rightarrow ST_j]$，表示内部状态从状态 ST_i 转移到 ST_j；st_0 表示内部初始状态。

从状态转移过程中不难看出，状态集 SS 中 st_0，ST_i 和 ST_j 反映了 UUV 在协同过程中的不同状态特征，以及与行为动作之间的关联关系。每个状态包括状态名称、状态描述、状态类型和状态值等各种信息，如表 3-2 所示。

表 3-2　UUV 状态集 SS 设计

状态名称	状态描述	状态类型	状态值
健康(SS1) (Well)	感知、推进、通信、控制、决策各个模块工作正常	正常 (Normal)	$P1=1$
机械故障(SS2) (Mechanical Failure)	推进模块发生故障	不正常 (Non-Normal)	$P2$
电子故障(SS3) (Electronical Failure)	感知和通信模块发生电子故障	不正常 (Non-Normal)	$P3$

续表

状态名称	状态描述	状态类型	状态值
机体损伤(SS4) (Body Damage)	壳体受到环境、攻击等因素影响,造成机体损伤	不正常 (Non-Normal)	$P4$
全部故障(SS5) (Stop Working)	受到机械、电子、机体损伤等因素,造成运动停止	停止(Stop)	$P5=0$
损毁(SS6) (Destroyed)	失控、碰撞、被敌方击毁等	死亡(Dead)	$P6=0$

其中,状态名称表示免疫智能体 UUV 所对应的状态;状态描述是对对应状态的定义和范围限定;状态类型是从 UUV 健康状况的角度进行分类,用于区别 UUV 状态的不同侧面,可分为正常、不正常、停止和死亡等四类;状态值表示状态对应的定量化状态值,反映了 UUV 状态的当前水平。

可以看出,UUV 的状态空间 SS={SS1,SS2,SS3,SS4,SS5,SS6},其中 SS5 和 SS6 状态的转移需要与外界环境或入侵 Agent 发生交互,而 SS2,SS3 和 SS4 的失效发生服从一定的概率分布。

电子故障 SS3 失效概率分布函数用正态分布表示:

$$f(x)=\frac{1}{\sqrt{2\pi}\sigma}\exp\left(-\frac{(x-\mu)^2}{2\sigma^2}\right) \tag{3-4}$$

其中,μ 和 σ 是正态分布参数。

机械故障 SS2 和机体损伤 SS4 的失效概率分布函数用指数分布表示:

$$f(x)=\begin{cases} \lambda e^{-\lambda x}, & x>0 \\ 0, & x\leqslant 0 \end{cases} \tag{3-5}$$

其中,λ 是指数分布参数。

需要指出的是,如果 SS2、SS3 和 SS4 的失效概率大于某一固定的阈值,为保障集群安全和作业效果,其不能参与协同系统,即不能参与免疫智能体交互网络节点的构成。此外,UUV 各个状态还可以发生马尔可夫状态转移,如图 3-8 所示。

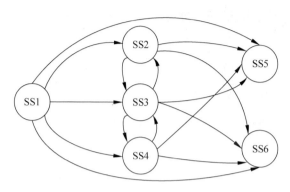

图 3-8　马尔可夫状态转移过程

3.4.3　规则库

规则库不仅是微小型 UUV 进行智能行为的规则依据,而且也是其与外界环境或其他个体进行通信和合作的行为体现。由于集群行为、环境和任务复杂度具有不确定性,因此有限状态机、案例推理等方法难以很好地完成行为规则的表达。

从 2.5.2 节免疫隐喻机制可知,抗原与抗体通过受体发生结合,抗体含有两个重要的结构——独特位和互补位,抗原具有表位,互补位和表位通过识别配对产生亲和力实现对抗原的消灭。因此,借鉴抗原与抗体结合的特殊键合机制及产生式规则的知识表达,设计一种面向抗原-抗体结合的行为规则库设计方法,如图 3-9 所示。

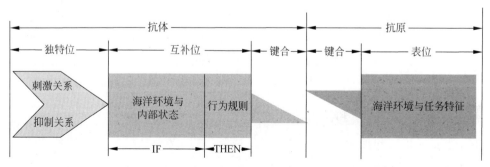

图 3-9　行为规则库设计思路

在图 3-9 中,抗原可以表示水下环境(水下静态和运动目标)和任务,对 UUV 进行刺激,抗原表位表示抗原特征,即海洋环境与任务特征。在抗体中,独特位表示 UUV 与其他个体之间的刺激和抑制关系,即免疫智能体交互网络的协调与合作机制研究,这将在第 4 章进行详细介绍;抗体互补位表示 UUV 根据当前环境和内部状态采取的行为规则或策略,其中抗体互补位采用产生式规则 IF-THEN 形式:

$$IF\ 环境,任务,目标,自身状态,THEN\ 自主行为或策略 \quad (3-6)$$

根据产生式规则 IF-THEN 公式可知,IF 部分主要由应用场景的环境、任务、目标和自身状态构成,而 THEN 部分则主要是运动控制,这两个部分共同构成了自主行为规则,如表 3-3 所示。

表 3-3 UUV 行为规则库(RB)设计

Rule No.	抗原表位						
	IF				THEN		
					动作		概率
	环境	任务	目标	自身状态	策略	行为	
1	海面环境	风向海浪…	搜索前行目标跟踪规避障碍火力分配通信互联…	数量位置信息状态信息威胁程度…	位置信息姿态信息能力约束生命状态…	搜索避障通信攻击返航…	匀速前行加速前行机动转弯悬停发送信息…	$w1$
2							$w2$
3							$w3$
…							…
…	水下空间	声场海流…					…
i							wi
…							…
…	海底地形	海槽障碍物…					…
…							…
N							wN

在表 3-3 中,IF 部分涵盖的信息与知识库中的知识基本吻合。环境主要包括海面环境、水下空间和海底地形三部分,它们共同构成水下立体三维环境;任务主要涵盖协同搜索前行、目标跟踪、规避障碍、火力分配等复杂任务;目标主要包括运动或静止目标的数量、位置信息、状态信息和威胁程度等相关信息;

自身状态则主要由位置信息、姿态信息、能力约束和生命状态构成；自主行为则体现在 UUV 在水下三维空间的行为规则和火力控制,同时也有向其他 UUV 或控制中心发送信息等行为；概率的存在主要用于自主行为规则相似时,UUV 依据概率选择与抗体配对亲和度高的行为或策略。

需要指出的是,表 3-3 作为自主行为规则库是一个低分辨率的形式,以粗粒度的行为规则或策略给出,如果需要高分辨率自主行为规则,则需要进一步地学习、演化与更新[9]。

3.4.4 行为协调器

行为协调器在免疫智能体 UUV 内部逻辑推理中起到承上启下的关键作用,其目的在于协调内部各种模块行动,提高内部控制信息流的快速性和准确性。协调器的信息来源主要有三类:感知的环境信息、任务使命信息和其他 UUV 或目标的状态信息。由于信息来源的多样性,行为协调器需要处理大量不同优先级、不确定性和复杂性的离散/连续事件。例如 UUV 在执行巡逻任务时,若近邻个体向其发送协同攻击的任务请求,其不仅要考虑巡逻任务和协同攻击,还要考虑环境因素及自身能力约束等。如果不能及时、有效、准确地对这些事件、任务及环境做出合理的行为反应,将会导致模型内部控制逻辑紊乱,甚至崩溃,这些情况不满足 UUV 智能性建模的需求。

由于上述信息具有复杂性、不确定性和模糊性的特点,数学模型往往难以支持。为此,协调器根据 UUV 感知态势,提出以时间充裕度、任务复杂度和能力约束度进行特征信息的分类与提取,并通过模糊理论选择不同分辨率智能性自主行为的应对机制:反应机制、规划机制和学习机制。如果态势"简单",自主行为采用 BRL 反应机制;如果态势"一般",自主行为采用 BPL 规划机制;如果态势"复杂",自主行为采用 BLL 学习机制。具体协调器的功能结构如图 3-10 所示。

首先给出时间充裕度、任务复杂度和能力约束度的定义与解释。

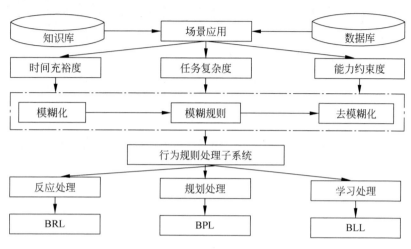

图 3-10 协调器的功能结构

(1) 时间充裕度(time adequacy)。假设 A 为 UUV,E 为环境,T 为任务,$H_A(E)$ 和 $H_A(T)$ 分别表示 UUV 对环境 E 和任务 T 的时间充裕度,$H_A(E)$ 和 $H_A(T)$ 越大表示 UUV 认为应对环境和任务的充裕度越大,否则越低。时间充裕度定义如下:

$$H_A = H_A(E) \otimes H_A(T) \tag{3-7}$$

$$H_A(E) = \frac{t}{t + I_A(E)} \tag{3-8}$$

$$H_A(T) = \frac{t}{t + I_A(T)} \tag{3-9}$$

式中,$H_A(E) \in [0,1]$,$H_A(T) \in [0,1]$,$I_A(E) \in [0,1]$,$I_A(T) \in [0,1]$。t 表示 UUV 应对环境或者完成任务 T 的时间,t 越小表示应对环境 E 和完成任务 T 的时间越小,充裕度 $H_A(E)$ 和 $H_A(T)$ 越小,反之越大。$I_A(E)$ 和 $I_A(T)$ 表示 UUV 认为当前环境状态 E 和任务 T 的重要程度。

(2) 任务复杂度(task complexity)。假设 A 为 UUV,T 为任务,$N_A(T)$ 表示 UUV 对任务 T 的复杂度认识,$N_A(T)$ 越大表示 UUV 认为场景任务越复杂。任务复杂度定义如下:

$$f_S(T) = \|T - T_b\| \tag{3-10}$$

$$N_A(T) = 1 - \frac{f_S(T) \cdot C_A(T)}{T} \tag{3-11}$$

式中，$f_S(T) \in [0,T]$，$N_A(T) \in [0,1]$，$C_A(T) \in [0,1]$。T 表示场景任务的特征信息，T_b 表示知识库中与当前场景任务的匹配任务，$f_S(T)$ 表示两者的相似程度，当 $f_S(T)$ 越大，表示 UUV 处理任务的知识较少。$C_A(T)$ 表示 UUV 对任务的自信度，与 UUV 的信念、能力有关，其中 $C_A(T)=0$ 表示 UUV 对完成任务没有任何信心，$C_A(T)=1$ 表示 UUV 完全有信心完成任务。显然，$C_A(T)$ 越大，则认为任务复杂度越小。

（3）能力约束度（capacity constraint）。假设 A 为 UUV，E 为环境，T 为任务，$M_A(E)$ 和 $M_A(T)$ 分别表示 UUV 应对环境 E 和任务 T 的能力约束度。$M_A(E)$ 和 $M_A(T)$ 越大表示 UUV 根据自身状态认为环境和任务的消耗越高，否则越低，反映其对环境和任务的认识水平。其定义如下：

$$M_A = M_A(T) \otimes M_A(E) \tag{3-12}$$

$$M_A(E) = 1 - \frac{\arccos(-2 \times f_E(T,E,P,S)) + 1}{\pi} \tag{3-13}$$

$$M_A(T) = 1 - \frac{\arccos(-2 \times f_T(T,E,P,S)) + 1}{\pi} \tag{3-14}$$

式中，$f_E(T,E,P,S) \in [0,1]$，$f_T(T,E,P,S) \in [0,1]$。$M_A(T)$ 和 $M_A(E)$ 表示 UUV 从自身所处环境、任务、能源和状态的角度出发对环境 E 和任务 T 的能力约束水平。$f_E(T,E,P,S)$ 和 $f_T(T,E,P,S)$ 表示约束函数，与其能源、状态、使命等约束条件相关，其中 $f_T(T,E,P,S)$ 表示 UUV 对完成任务的自身约束认识水平，$f_T(T,E,P,S)=0$ 表示 UUV 认为任务 T 对自身状态不会产生任何约束，$f_T(T,E,P,S)=1$ 表示 UUV 认为任务 T 对自身状态产生重大约束。

根据定量指标的定义，将时间充裕度 H_A 模糊划分为{不充裕,一般,充裕}子集，即 $S_A^H = \{NB, B, PB\}$；任务复杂度 N_A 划分为{不复杂,一般,复杂}子集，即 $S_A^N = \{NB, B, PB\}$；能力约束度 M_A 划分为{不约束,一般,约束}子集，即 $S_A^M = \{NB, B, PB\}$。模糊系统的输出为 $P = \{T1, T2, T3\}$，即自主行为处理划

分为 $T1$（反应处理，Reaction）、$T2$（规划处理，Planning）和 $T3$（学习处理，Learning）三个子系统。其中，为了设计和计算简单，时间充裕度、任务复杂度和能力约束度的隶属函数如图 3-11 所示。

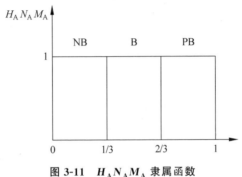

图 3-11 $H_A N_A M_A$ 隶属函数

根据 UUV 对水下环境、任务特征分析及专家先验知识，给出由 27 条模糊规则组成的规则库：

T1：if $S_A^H =$ NB，$S_A^N =$ NB，$S_A^M =$ NB，then $P1 = T1$

T2：if $S_A^H =$ NB，$S_A^N =$ NB，$S_A^M =$ B，then $P2 = T1$

……

T27：if $S_A^H =$ PB，$S_A^N =$ PB，$S_A^M =$ PB，then $P27 = T3$

需要说明的是，时间充裕度、任务复杂度和能力约束度的模糊谓词在模糊规则中存在排序高低的问题，其中时间充裕度最高，任务复杂度次之，能力约束度最低，即模糊规则中三个谓词的顺序是条件对结论贡献大小程度的一种考量[23]。可见，基于模糊规则的协调器设计非常适合应用在这种知识种类繁多、逻辑结构复杂和信息模糊随机等情况下的知识表示和推理，对于提高 UUV 行为反应时间和效率具有重要意义。

3.4.5　行为规划器

协调器如果推理出规划处理 $T2$ 子系统，则表示态势"一般"相比于反应处理 T1 子系统较为复杂,需要规划器对自主行为进行进一步的推理。规划器需要处理许多连续与离散事件,并且这些事件具有并行、模糊和随机等特点。这是由测量不精确、粒度不一致、信息不完备,以及环境复杂性等原因引起的。如何表达与推理这些并行、模糊和随机的知识、逻辑和信息成为规划器设计的关键。许多方法,如决策树、排队论、语义网络、逻辑谓词和本体脚本已经被提出来以表达与推理复杂事件,但是这些方法具有一个共同的缺点:不具备并行、异步、随机推理等功能,限制了其使用范围。

Petri 网作为一种图形化和数学化的离散事件建模工具对于分析并行、异步、随机的推理具有独特的优势[24-25],不仅可以直观、形象地描述推理过程,而且可以提供一个集成的系统建模、分析和控制环境。为此,提出加权模糊 Petri 网进行规划器建模。

Petri 网(Petri net,PN)是由库所、变迁和连接库所与变迁间关系的有向弧线组成的一种有向图,可以用一个三元组 $PN::=\langle P,T,F\rangle$ 表示,其需要满足如下条件:

(1) $P \cup T \neq \varnothing, P \cap T = \varnothing$;

(2) $F \subseteq P \times T \cup T \times P$;

(3) $\text{dom}(F) \cup \text{cod}(F) = P \cup T$;

(4) $\text{dom}(F) = \{x \mid \exists y: (x,y) \in F\}, \text{cod}(F) = \{x \mid \exists y: (x,y) \in F\}$。

其中,P 和 T 分别表示 PN 的库所集合和变迁集合,F 表示流关系,$X = P \cup T$ 表示 PN 的元素集合,x 为 X 集合的元素,$\text{dom}(F)$ 和 $\text{cod}(F)$ 分别表示 F 的定义域和值域。在具体的图形表示中,圆形节点描述库所,长方形节点描述变迁,带箭头弧线描述库所与变迁之间的有向弧。

模糊 Petri 网(fuzzy Petri net,FPN)是对传统 Petri 网进行模糊处理而得到的,可以定义为一个七元组 $FPN::=\langle P,T,F,D,\alpha,\beta,\gamma\rangle$,其中:

(1) $P = \{p_1, p_2, \cdots, p_m\}$ 表示库所节点的有限集合;

(2) $T = \{t_1, t_2, \cdots, t_n\}$ 表示变迁节点的有限集合;

(3) D 表示命题集合,$|D| = |P|$;

(4) F 表示输入和输出弧集;

(5) α 表示输入强度,即 $\alpha \in [0,1]$;$D \to P$ 称为命题到输入库所的映射;

(6) β 表示输出强度,即 $\beta \in [0,1]$ 称为变迁的信度映射;

(7) γ 表示变迁激活阈值,$\gamma \to [0,1]$,当变迁的输入信度大于阈值时该变迁自动激活,如果小于阈值则不被激活。

加权模糊产生式规则(weighted fuzzy production rule,WFPR),根据规则库设计的模式,WFPR 通过合取($\wedge$)和析取($\vee$)将许多命题连接,规则 $R = \{R_1, R_2, \cdots, R_n\}$。有如下形式:

$$R_i: \text{IF } a \text{ THEN } b \text{ (CF,TH,W)}, \quad i = \{1,2,\cdots,n\} \tag{3-15}$$

其中,a 和 b 表示为包含模糊变量的命题,共同构成规则的前提和结论,$a = \{a_1, a_2, \cdots, a_m\}$ 表示一组前提条件命题,由一棵或几棵"与或树"组成,b 表示结论命题。$\text{CF}_{R_i} = \mu$ 表示规则 R_i 的可信程度,$\mu \in [0,1]$,越大表示规则越可信。$\text{TH} = \{\lambda_1, \lambda_2, \cdots, \lambda_m\}$ 表示前提命题激活的阈值集合,$\lambda_j \in [0,1]$,命题成立的可信度大于相应阈值时规则才能被激活。$W = \{w_1, w_2, \cdots, w_m\}$ 表示 $a = \{a_1, a_2, \cdots, a_m\}$ 的权重,权重 w_i 表示 a_i 相对于其他命题来说对结论 b 的重要性程度。WFPR 主要分为三种形式:

$$\text{Type1: IF } a_1 \wedge a_2 \wedge \cdots \wedge a_m \text{ THEN } b_k \tag{3-16}$$

$$\text{Type2: IF } a_k \text{ THEN } b_1 \wedge b_2 \wedge \cdots \wedge b_m \tag{3-17}$$

$$\text{Type3: IF } a_1 \vee a_2 \vee \cdots \vee a_m \text{ THEN } b_k \tag{3-18}$$

根据 WFPR 和 FPN 的定义可知,两者在结构和功能上具有高度的相似性,映射关系如表 3-4 所示。

表 3-4　WFPR 与 FPN 映射关系

WFPR	FPN
模糊谓词	库所(输入和输出)
规则	变迁
与或关系	有向弧
权系数 W	输入强度 α

续表

WFPR	FPN
确信度 CF	输出强度 β
规则阈值 TH	变迁激活阈值 γ

由表 3-4 可知，WFPR 的规则表示 FPN 的变迁发生，WFPR 前提命题的模糊谓词表示 FPN 的输入库所，结论命题的模糊谓词表示 FPN 的输出库所，WFPR 的与或关系表示 FPN 库所和变迁间的有向弧，WFPR 的权系数对应 FPN 的输入强度，WFPR 的确信度对应 FPN 的输出强度，WFPR 的规则阈值与 FPN 的变迁激活阈值相对应。这样 FPN 正向推理和规划的问题就代表了产生式规则所要推理的问题。

加权模糊 Petri 网（weighted fuzzy Petri net，WFPN）是对 FPN 和 WFPR 进行扩充而得到的，定义为十元组 WFPN $= \langle P, T, D, F, I, O, W, \alpha, \beta, \gamma \rangle$，其中：

(1) $P = \{p_1, p_2, \cdots, p_m\}$ 表示库所节点的有限集合；

(2) $T = \{t_1, t_2, \cdots, t_n\}$ 表示变迁节点的有限集合；

(3) D 表示命题集合，$|D| = |P|$；

(4) F 表示输入和输出弧集；

(5) I 表示输入库所到变迁的有限弧集；

(6) O 表示变迁到输出库所的有限弧集；

(7) $W = \{w_1, w_2, \cdots, w_m\}$ 表示分配给 WFPN 前提命题的权重，$\sum w_i = 1$；

(8) α 表示输入强度，即 $\alpha: D \rightarrow P$，称为命题到输入库所的映射标码值；

(9) β 表示输出强度，即 $\beta: T \rightarrow [0,1]$，称为变迁的信度映射标码值，CF $= \beta$；

(10) γ 表示变迁激活阈值，$\gamma \rightarrow [0,1]$，当变迁的输入信度大于阈值时该变迁自动激活，如果小于阈值则不被激活。

对照 WFPR 的定义，可将 WFPN 对应的 Type1、Type2 和 Type3 规则的变迁激活机制定义如下：

令 $y_i = a_i \cdot w_i, y = \sum_{i=1}^{m} a_i \cdot w_i$,若 $y \geqslant \lambda$,则 $a_k = y \cdot \mu$; (3-19)

令 $y_k = a_k \cdot w_k$,若 $y_k \geqslant \lambda$,则 $a_k = y_i \cdot \mu_i$; (3-20)

令 $y_i = a_i \cdot w_i$,若 $y_i \geqslant \lambda$,则 $a_k = \max\{y_i, \mu_i\}$。 (3-21)

WFPN 的推理过程实际上是一个由事件驱动的问题求解过程,具体根据感知的态势信息和知识库的专家先验知识,通过不断循环迭代的方式对新的环境和任务进行实时的确信度计算,最后提供给规划器最优行为策略。

由于应用背景的差异,正向推理和反向推理的控制策略相继被提出,但是 WFPN 的运行机制采用变迁事件驱动模式,其正好与正向推理的逻辑过程一致。因此,为了充分发挥 WFPN 的描述和推理能力,采用基于事件和数据驱动的 WFPN 正向推理模式,具体步骤如下:

Step 1 根据应用场景,将任务划分为由若干元事件(meta-event,me)组成的集合 ME=$\{me_1, me_2, \cdots, me_n\}$,其能够形成一个完整的任务逻辑时序系统,并通过元事件驱动完成任务,其中元事件驱动(Meta-Event-Driven)集合 $E = \{e_1, e_2, \cdots, e_n\}$。

Step 2 依据元事件驱动集合 E,确定变迁集合 $T = \{t_1, t_2, \cdots, t_n\}$,$|E| = |T|$。

Step 3 依据产生式规则 R 的前提和结论命题,将命题 $D = \{d_1, d_2, \cdots, d_m\}$ 抽象为 WFPN 的库所集合 $P = \{p_1, p_2, \cdots, p_m\}$,$|D| = |P|$。

Step 4 选取 WFPR 的 Type1,Type2,Tpye3 形式,并确立对应 WFPN 的图形化描述。假如 p_i 属于 R 的前提命题或结论命题,则建立输入弧 $I(p_i, t)$ 或输出弧 $O(t, p_k)$,即利用 WFPN 建立流关系 F 集合。

Step 5 如果 $p_i \in P$,且 p_i 为规则 R 的前提谓词,则确定输入库所 p_i 的初始映射标码(token)值和权重 w_i,即确定输入强度。

Step 6 如果 $p_i \in P$,且 p_i 为规则 R 的结论谓词,则确定变迁 t 所对应的置信度 CF=μ,即确定输出强度。

Step 7 确定规则 R 的变迁激活阈值 γ,$\gamma \to [0, 1]$,当变迁的输入信度大于

阈值时该变迁自动激活,如果小于阈值则不被激活。

Step 8 根据规则 Type 类型,选择变迁启动规则公式(3-19)～公式(3-21)进行数据驱动的问题求解。

WFPN 作为一种结合事件驱动和数据驱动的知识表达和推理方法,解决了 UUV 行为决策过程中并发性、复杂性、模糊性等因素带来的建模难题,实现了专家先验知识和产生式规则推理的优点结合,而且方便计算与实施。

为说明推理过程,假设典型应用场景:在某一海域内有 UUV 对入侵目标进行搜索/攻击任务,设定环境和任务时间充裕度、任务复杂度及能力约束度均为一般,UUV 将按照知识库和规则库的相关知识和规则进行自主决策规划。为使问题简单化,选取环境威胁等级 E、能力等级 A、目标威胁等级 T 和能源供给等级 P 为 WFPR 的输入命题,其中环境威胁等级、能力等级和目标威胁等级由专家先验知识提供,能源供给等级主要考虑定量化的剩余能源,具体模糊谓词定义如下:

环境威胁等级 $E = \{\text{High}(p_{11}, w_{11}), \text{Middle}(p_{12}, w_{12}), \text{Low}(p_{13}, w_{13})\}$;

能力等级 $A = \{\text{High}(p_{21}, w_{21}), \text{Middle}(p_{22}, w_{22}), \text{Low}(p_{23}, w_{23})\}$;

目标威胁等级 $T = \{\text{High}(p_{31}, w_{31}), \text{Middle}(p_{32}, w_{32}), \text{Low}(p_{33}, w_{33})\}$;

能源供给等级 $P = \{\text{High}(p_{41}, w_{41}), \text{Middle}(p_{42}, w_{42}), \text{Low}(p_{43}, w_{43})\}$。

UUV 自主决策的结果包括攻击目标(Attack)、规避目标(Aviod)、悬停补充能源(Supplement)、返回(Return),即决策结果 $C = \{\text{Attack}(p_{51}), \text{Aviod}(p_{52}), \text{Supplement}(p_{53}), \text{Return}(p_{54})\}$。

为了清晰地呈现 WFPN 的知识表达与推理过程,选择特定的某一条规则 R,其语言表述为:在环境简单、自身能力较强、目标威胁高、能源补给充足的条件下 UUV 对目标进行攻击。

根据规则表述形式,推理与规划的 WFPR 形式选择 Type1,则模糊规则 R 表示为:

IF E is Low(p_{13}, w_{13}) and A is Middle(p_{22}, w_{22}) and T is High(p_{31}, w_{31})

and P is Middle(p_{42}, w_{42}), THEN C is Middle $p_{51}(\lambda, \mu)$

其中，E、A、T、P 为规则条件命题（输入库所），C 为规则结论命题（输出库所），$\lambda=0.6$，表示规则的激发阈值，信度值 $\mu=0.8$，代表了结论的可信度，(p_{ij}, w_{ij}) 表示库所对应的初始信度值和权重，其量化值如表 3-5 所示。

表 3-5 信度值与权重的量化值

信度值与权重	量化值	信度值与权重	量化值
p_{11}, w_{11}	(0.33, 0.10)	p_{31}, w_{31}	(0.60, 0.35)
p_{21}, w_{21}	(0.70, 0.45)	p_{42}, w_{42}	(0.80, 0.30)

根据以上分析，模糊规则 R 表示的 WFPN 推理过程如图 3-12 所示。输入强度 $y = p_{11} \times w_{11} + p_{21} \times w_{21} + p_{31} \times w_{31} + p_{42} \times w_{42} = 0.798$，由于 $y > \lambda$，即变迁的输入信度大于阈值，该变迁自动激活，则 $y(p_{51}) = y \times \mu = 0.798 \times 0.8 = 0.6384$，推理结果 $C = \{\text{Attack}\}$，表示 UUV 应该采取攻击的自主行为动作，符合专家先验知识。

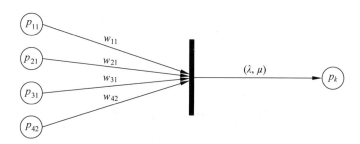

图 3-12 模糊规则 R 的 WFPN 推理过程

3.4.6 行为学习器

在行为学习层 BLL 中，高分辨率、完备的行为规则是 UUV 智能性建模的最高要求，所以如何利用知识库和规则库使 UUV 根据环境和任务特征进行行为学习和演化就显得尤为重要。为此，在免疫选择机制的基础上，加入遗传算法的变异算子，设计一种基于免疫遗传机制的行为规则学习和演化方法。该方法是一个功能强大、知识完备的学习模型，具备规则的匹配与更新能力，能够满足 UUV 行为规则学习。基于免疫遗传机制的行为规则学习和演化原理如图 3-13 所示。

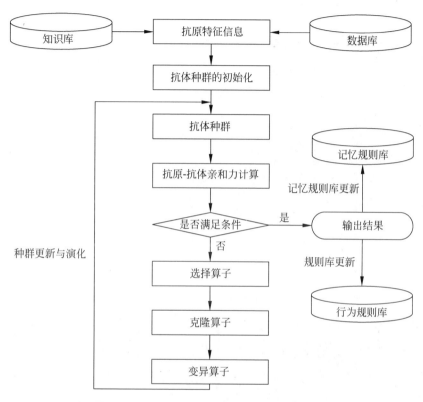

图 3-13 行为规则学习和演化方法的基本原理

具体地，依据 CCL 提取的环境与任务信息，以及约束条件等特征作为抗原，利用知识库、数据库及专家先验知识构建初始抗体种群，并通过选择、克隆和变异算子的计算实现行为规则的学习与演化。算法具体实现如表 3-6 所示。

表 3-6 行为规则学习与演化算法

输入：抗原 g（环境、任务信息、约束条件），知识库，数据库，抗体库（抗体库由专家构建）
输出：抗原（$b_{opt} \in G$，最优行为动作或策略）
初始化：抗体库大小 M，记忆库大小 N，选择比例 ρ，克隆系数 σ，变异因子 τ，扰动因子 λ

续表

计算抗体与抗原亲和力 $f_i(b_i,g)$（采用二进制编码的欧氏距离计算）：
While 亲和力是否满足条件 **do**
 Repeat 种群更新与演化
  计算选择算子：$M_1 = M \times \rho$
  计算克隆算子：$M_2 = \sum_{i=1}^{M_1} \text{round}((M \times \sigma)/i)$
  计算变异算子：$\hat{b}_i = b_i + \lambda e^{-\tau}$
 Endwhile 输出最优结果 b_{opt}
  存储与更新记忆规则库 $N+1$
  存储与更新行为规则库 $M+M_2$

3.5 小结

本章在借鉴免疫应答机制和免疫选择机制的基础上，设计了一种多层次混合式免疫智能体模型，利用其与UUV之间的映射关系构建免疫智能体UUV实例化概念模型，并对UUV模型进行积木式模块化划分与抽象，进一步提出了包含感知执行层、协调控制层、行为反应层、行为规划层和行为学习层的多层次混合式UUV模型，构建了多分辨率智能特性的多层递阶行为反应、规划和学习机制，其中重点设计了BNF表示的知识库、基于概率变化的状态集和面向抗原-抗体结合机制的规则库三个支撑组件，给出了基于模糊推理的行为协调器、加权模糊Petri网的行为规划器和基于免疫遗传机制的行为学习器三个核心组件，实现UUV自主行为的智能性建模。

参考文献

[1] 黄琰,李岩,俞建成,等.AUV智能化现状与发展趋势[J].机器人,2020,42(2)：215-231.
[2] 施生达,王京齐,吕帮俊,等.潜艇操纵性[M].北京：国防工业出版社,2021.

[3] 张世豪.微小型仿生水面跳跃运动机器人性能研究[D].哈尔滨:哈尔滨工业大学,2023.
[4] 李兵.微小型水下滑翔机设计研究[D].天津:天津大学,2021.
[5] 刘海波,顾国昌,沈晶,等.AUV 心智逻辑 AUV Mental Logic[J].计算机应用研究,2006(10),23:186-188.
[6] 严浙平,赵玉飞,陈涛.海洋勘测水下无人航行器的自主控制技术研究[J].哈尔滨工程大学学报,2013,34(9):1152-1158.
[7] 曾环,严浙平.混合式多智能体技术在 UUV 协调控制中的应用[J].信息技术,2006,30(8):49-51.
[8] 严浙平,李锋,黄宇峰.多智能体 Q 学习在多 AUV 协调中的应用研究[J].应用科技,2008,35(1):57-60.
[9] 陈春林,陈宗海,周光明.基于多智能体的自主移动机器人混合式系统结构[J].系统工程与电子技术,2004,026(011):1746-1748.
[10] 徐皓.多 UUV 系统作业关键技术研究[D].西安:西北工业大学,2016.
[11] WENG L G,LIU Q S,XIA M,et al. Immune network-based swarm intelligence and its application to unmanned aerial vehicle (UAV) swarm coordination[J]. Neurocomputing, 2014,125:134-141.
[12] OU C M. Host-based intrusion detection systems adapted from agent-based artificial immune systems [J]. Neurocomputing,2012,88:78-86.
[13] LIANG H T,KANG F J. Research on agent modeling and simulation for unmanned underwater vehicle in formation collaborative system [J]. ICIC Express Letters,Part B: Application,2015,6(9):2583-2590.
[14] 马笑潇,黄席樾,柴毅,等.一种新的领域智能体:免疫智能体[J].高技术通信,2003,13(1):72-75.
[15] 王军,赵晓哲,张瑛涵,等.舰艇编队协同防空体系免疫多智能体模型[J].系统工程理论与实践,2011,31(12):2431-2438.
[16] 蔡祺祥.基于免疫机制的多智能体制造系统自适应调控研究[D].南京:南京航空航天大学,2020.
[17] ALEXANDER O T. Immunocomputing for intelligent signal processing [J]. Neural Computing & Applications,2010,19(8):1143-1152.
[18] NABIL N,ABDELKADER B. Hybrid models based on biological approaches for speech recognition[J]. Artificial Intelligence Review:An International Science & Engineering Journal. 2009,32(1):45-57.
[19] LIANG H T,KANG F J. Artificial immune intelligent modeling for UUV underwater navigation system using immune multi-agents network [J]. International Journal of Innovative Computing,Information and Control,2015,11(5):1525-1537.
[20] 高云园.基于生物免疫机理的多机器人协作研究[D].杭州:浙江大学,2007.
[21] LIANG H T,KANG F J,LI H H. UUV formation system modeling and simulation research based on multi-agent interaction chain[J]. International Journal of Modeling, Simulation,and Scientific Computing,2015,6(2):1-23.

[22] LEI Q,WANG H,SONG Y C. Hybrid knowledge model of process planning and its green extension [J]. Journal of Intelligent Manufacturing,2016,27(5): 975-990.

[23] 倪建军. 复杂系统多 Agent 建模与控制的理论及应用[M]. 北京: 电子工业出版社,2011.

[24] LASSEN K B, TJELL S. Model-based requirements analysis for reactive systems with UML sequence diagrams and coloured Petri nets[J]. Innovations in Systems and Software Engineering,2008,4(3): 233-240.

[25] LIU H C,LIN Q L,MAO L X,et al. Dynamic adaptive fuzzy Petri nets for knowledge representation and reasoning[J]. IEEE Transactions on Systems, Man, and Cybernetics: Systems,2013,43(6): 1399-1410.

4 群体协同性建模

4.1 引言

微小型 UUV 集群是一种由几十台、上百台甚至上千台微小型个体组成，通过舰艇发射或岸基布放，可长时间在水下自主航行的无人系统[1-4]。对于这种系统，广域信息收集、环境监测、覆盖搜索、侦察监视、识别跟踪、巡逻围捕等各类枯燥、恶劣和危险任务的群体决策都是建立在高效率协同基础之上。然而，由于微小个体通信与输入受限，极易受不规则海浪、海流、漩涡的影响而失去控制[5-7]，触发集群雪崩碰撞和分裂[8-10]。这种环境效应与规模效应强耦合的非线性特征，影响控制稳态和瞬态性能，严重威胁集群安全[11]。这些因素对集群协同性建模问题在拓扑结构、通信协议和交互语言等方面提出了新的挑战，因此迫切需要强大而高效的自适应动态协作与通信机制。

多 Agent 的协调与通信是 MAS 建模与仿真研究的核心问题，是由 Agent、信息、资源、环境的分布特性及它们之间的交互产生的。以往 MAS 在协同系统建模过程中，采用如黑板模型[12]、合同网模型[13-18]、基于对策论的协商[19]和通用部分全局规划[20]等典型协调模型，实现 UUV 之间的协商与合作。但是这些模型和方法在具体应用过程中缺乏灵活性、动态性和健壮性，研究中很少关注拓扑结构对协商过程的影响，或没有考虑协同场景中的约束条件，或没有通过建模语言清晰地描述交互网络通信。

因此在免疫智能体 UUV 模型的基础上，受免疫网络、并行分布式和动态自适应等免疫机制及市场机制合同网协议的启发，本章针对群体协同性建模，提出在条件约束下的自适应动态协作与通信机制,分别从拓扑结构层、通信协议层和交互语言层分析免疫智能体交互网络的行为交互。在拓扑结构层,研究受免疫网络启发的混杂拓扑结构,实现网络的分布式架构;在通信协议层,设计基于免疫网络与市场机制融合的动态协商通信协议,其中改进的免疫网络动力学模型应用于交互网络所有节点的全局网络协调,市场机制的扩展合同网应用于约束条件下的局部网络协调;在交互语言层,分析交互网络中的交互行为规则,利用知识查询与操作语言(knowledge query and manipulation language,KQML)和可扩展置标语言(extensible markup language,XML)开放性实现信息交互协议的消息建模。

4.2 混杂拓扑结构

在免疫智能体交互网络建模过程中,需要利用拓扑结构将多个免疫智能体进行系统组织,在此基础上才能实现具体的通信协议和语言交互。这是因为拓扑结构决定了 UUV 个体在交互网络中行为、控制和信息的分布与交互,是集群组织、协调、分布等功能实现的基础和交互的纽带[21-22]。换句话说,拓扑结构决定了免疫智能体交互网络建模过程中的三个关键问题:①Agent 相互之间如何通信和协调;②MAS 系统拥有的控制能力;③MAS 系统协商与合作的效果。可见,合理有效的拓扑结构在 MAS 网络协商与合作中具有非常重要的作用,这也是实现微小型 UUV 集群协同建模的关键。为此,受免疫网络启发,提出一种新的混杂拓扑结构,实现交互网络的分布式架构。

4.2.1 概念建模

根据独特型网络理论,在免疫系统中 B 细胞不是处于一种相互独立的状态,每一个 B 细胞与其周围的 B 细胞及抗原之间存在相互激励和抑制关系,而且这种激励和抑制关系不会因为抗原是否存在而存在。具体地分析，B 细胞分泌抗体来消灭抗原，抗体表面存在一个独特位，与抗原表面存在的表位类似，所以除了抗体与抗原通过互补位与表位产生激励，其他抗体如果拥有相同的独特位也可以通过互补位对其进行识别，这样抗体与抗原、抗体与抗体之间会产生激励与抑制，构成一个动态平衡的免疫网络结构，其概念模型如图 4-1 和图 4-2 所示。

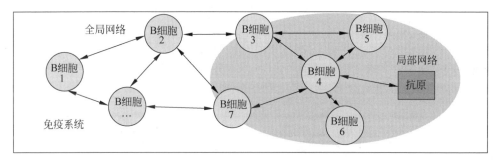

图 4-1　存在抗原刺激的免疫网络拓扑结构

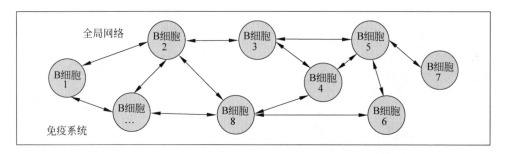

图 4-2　缺少抗原刺激的免疫网络拓扑结构

在图 4-1 中，B 细胞 4 对入侵抗原进行识别并产生相互激励关系，而其周围的 B 细胞 3、B 细胞 5、B 细胞 6 和 B 细胞 7 由于存在相同的独特位，则 B 细胞 4 与 B 细胞 3、B 细胞 5、B 细胞 6 和 B 细胞 7 分别存在激励关系，这样会在 B 细胞 4 周围形成一个有激励关系的局部网络(local network，LN)。在 LN 中，如果不考虑具体的抗体与抗原、抗体与抗体的激励大小，仅从结构上考虑，B 细胞 4 可以认为是一个局部协调者，因为这个局部网络的形成原因是在 B 细胞 4 识别抗原、受到刺激后，与周围其他抗原发生联系。如果缺少抗原刺激，如图 4-2 所示，所有 B 细胞也可以由抗体与抗体之间的刺激和抑制形成一个全局网络（global network，GN）。可见，无论是 LN 还是 GN，其中所有 B 细胞形成的都是一个无中央处理的并行分布式、动态自适应的信息处理系统。

如果考虑免疫系统同时有多个抗原入侵的情况，则免疫网络可以看成是一个包含多个局部网络的全局网络，其拓扑结构如图 4-3 所示。这种结构整体是一个无中央控制的分布式结构，局部是一个存在局部控制协调中心的网络结构。需要指出的是，在局部网络中的控制协调中心结构与集中式控制结构不同，这个控制协调中心只起到一个信息共享的作用，不会对其他节点的具体逻辑和行为进行控制与规划。

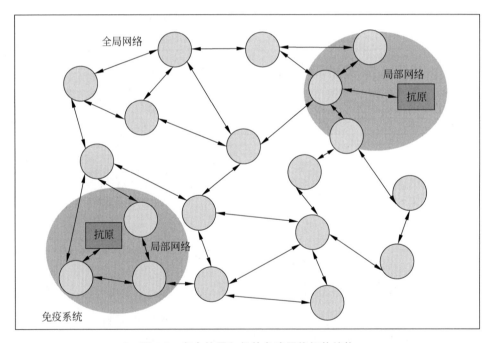

图 4-3　多个抗原入侵的免疫网络拓扑结构

为清晰地说明这种拓扑结构，将其定义为受免疫网络启发的混杂拓扑（hybrid topology，HT）结构，这里混杂的含义包括三个层面：①拓扑结构由多个 LN 组成 GN；②GN 的无中央分布式结构与 LN 的集中分布结构混合组成复杂网络；③LN 和 GN 网络节点之间不是一个全向图的连接方式。

4.2.2 结构特点

混杂拓扑结构形成的具体过程是：如果没有抗原刺激，所有 B 细胞能够通过交互机制形成一个无中央控制的分布式结构；如果存在抗原刺激，某 B 细胞首先识别抗原，进而引起周围其他抗体激励与抑制，形成集中分布的局部网络。事实上，这种混杂拓扑结构本质上是一种高层次抽象，其可以动态变化以适应环境。从 MAS 的角度来分析，如果将 B 细胞看作一个计算功能 Agent 实体，忽略激励与抑制强度大小，这种混杂拓扑结构可以看作是一种新的 MAS 拓扑结构，如图 4-4 所示。

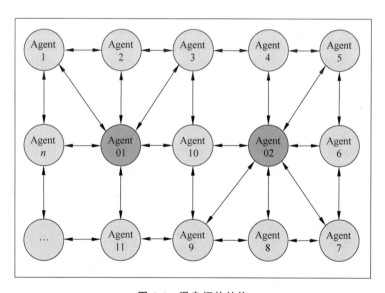

图 4-4 混杂拓扑结构

在图 4-4 中，混杂拓扑可以看作融合了星形拓扑和网状拓扑的特点，从整体结构看像"网状拓扑"，从局部结构看像"星形拓扑"，但是本质上又存在不同：①整体结构上虽然像网状拓扑，但是所有 Agent 没有构成全连接的有向图，其通信相对于网状拓扑会大大减小；②局部结构上虽然像星形拓扑，但是中心节点(Agent11)没有对周围 Agent 节点形成紧耦合的结构控制,中心节点与周围节点的地位相同,不存在管理与被管理的关系,只起到信息共享的作用。

拓扑结构作为 MAS 系统的顶层架构,对实现结构灵活多样、知识表达能力完备、功能强大的 MAS 具有重要作用。如何评价一个混杂拓扑结构的 MAS 系统具有的功能与特点?许多学者从不同角度提出了多种性能指标对星形拓扑、网状拓扑及其他拓扑结构进行功能分析[22-23]。概括地讲主要有以下五个指标:

(1) 自主性(autonomous)。每一个 Agent 在 MAS 系统中能够积极主动以目标为导向,独立地实现自身行为控制和系统目标完成。

(2) 适应性(adaptive)。Agent 可在拓扑结构中实现感知、学习、推理和规划等功能,并且能跟随环境或目标的改变而不断适应。

(3) 交互性(interactive)。拓扑结构的本质是方便和管理 Agent 之间的交互与通信,疏导 MAS 系统的内部逻辑流向。

(4) 协调性(cooperative)。拓扑结构可以方便、高效地实现 Agent 之间的协调与合作,确保系统目标的实现。

(5) 动态性(dynamic)。拓扑结构能够适应环境和目标,在 MAS 运行的任何时刻,Agent 可以方便和灵活地加入、删除、分组等,提高系统的健壮性。

混杂拓扑与网状拓扑和星形拓扑在 MAS 系统中关于自主性、适应性、交互性、协调性和动态性的对比分析如表 4-1 所示。总的来说,基于混杂拓扑的 MAS 系统结构更为灵活,资源共享度更高。

表 4-1 拓扑结构的性能对比

特 点	网状拓扑	星形拓扑	混杂拓扑
自主性	高	中	高
适应性	中	低	高
交互性	中	中	高
协调性	高	低	高
动态性	中	低	高

4.3 拓扑结构与集群结构映射

4.3.1 典型集群结构

微小型 UUV 集群系统结构是由微小型 UUV 之间的交互与控制关系所形成的整体框架,灵活的系统结构对完成任务分配、路径规划、数据融合和协调合作等显得非常重要。其系统结构主要有集中式、分布式和分层式三种形式。

集中式结构如图 4-5 所示,采用自上而下的集中控制结构使中央节点 UUV 从全局角度获得整个系统的近似最优规划。但是,由于水下环境和任务的复杂性、未知性和动态性,如果中央节点失去规划能力,容易发生系统瘫痪,不具备动态适应性和系统容错性。

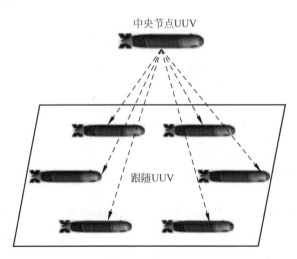

图 4-5　集中式结构

分布式结构如图 4-6 所示。分布式结构没有领航 UUV 控制节点,多 UUV 系统中所有节点地位、目标、知识均等。分布式结构虽然具备良好的协调性和容错性,但是随着 UUV 节点规模的增加,无法保证全局目标的优化与实现,又增加了规划、协作等的难度,此外通信复杂度相对于集中式结构也会增加。

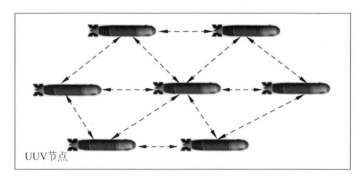

图 4-6　分布式结构

分层式结构如图 4-7 所示,综合了集中式和分布式结构的优点,在整体结构上形成多层次的控制与被控制关系,即上层节点作为下一层所有节点的中央控制结构。在上层,所有 UUV 节点往往以一定紧耦合机制的分布式结构进行通信与交互,在底层则采用局部集中式结构实现问题求解。

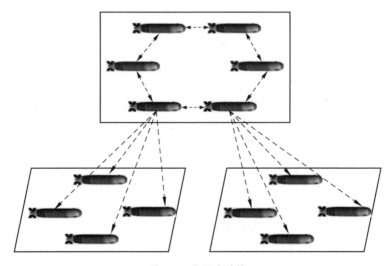

图 4-7　分层式结构

中国科学院沈阳自动化研究所许真珍等人针对多 UUV 协同系统结构的特殊性,提出了评价系统结构的五项标准,分别为协调性、自主性、反应性、容错性和通信负载,并对三种系统结构的五项性能进行了对比分析,如表 4-2 所示[24]。可见,分层式和分布式结构相对于集中式结构具有更高的柔性、可靠性和鲁棒性。

表 4-2 系统结构性能对比

类型	协调性	自主性	反应性	容错性	通信负载
集中式	中	差	差	差	中
分布式	中	中	好	中	中
分层式	好	好	好	好	好

4.3.2 分布式结构建模

在受免疫网络启发的混杂拓扑结构中,全局网络与局部网络中所有节点都是完全分布式结构,而且比 MAS 系统中的星形拓扑和网状拓扑在自主性、适应性、交互性、协调性和动态性方面表现出更为强大的灵活性与资源共享度。微小型 UUV 集群在具体系统构建过程中,分布式和分层式结构相对于集中式结构具有较强的协调性、自主性、反应性、容错性和通信负载。

如果直接应用混杂拓扑结构来实现微小型 UUV 集群的分布式构建,就会面临混杂拓扑结构与分布式系统结构不匹配的问题:①混杂拓扑结构虽然整体上是完全分布式结构,但是局部网络呈现出类似于星形拓扑的集中分布控制;②混杂拓扑结构与分层式结构虽然从结构上来看具有相似性,都是全局网络中包含局部网络,但是分层式结构中的局部网络呈现出集中式控制,中央节点与连接的其他节点存在控制与被控制的关系。

因此,在微小型 UUV 集群的免疫智能体交互网络建模中应用混杂拓扑实现群体的分布式结构,需要结合多 UUV 分布式和分层式系统结构的优点,将分层式结构进行扁平化处理成分布式结构,这样在全局网络上呈现分布式控制结构,在局部网络上呈现集中式结构,实现混杂拓扑结构与分布式结构的匹配。具体地,采用混杂拓扑实现交互网络中个体的分布式架构,在全局层面形成由多个个体组成的分布式交互网络,在局部层面上形成集中式交互网络。由免疫智能体交互网络映射的微小型 UUV 集群协同系统如图 4-8 所示。

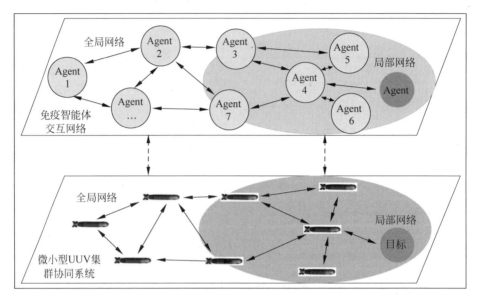

图 4-8　微小型 UUV 集群协同系统

不难看出，免疫智能体交互网络分布式结构控制方式不仅充分利用了具有动态机制的混杂拓扑结构，而且清晰、准确地描述和刻画了微小型 UUV 集群协同系统的分布式结构。更为重要的是，它能够适应协同系统动态性、灵活性和健壮性的建模需求。

4.4　免疫网络与市场机制融合的协商通信协议

在 MAS 建模过程中拓扑结构与通信协议像一对孪生兄弟，存在着紧耦合关系。拓扑结构作为 Agent 之间的组织形式，不仅决定系统的顶层组织架构，而且对系统的控制、推理、规划等产生重要的作用。而通信协议是 MAS 为了实现任务而进行的具体交互协商策略或规则，往往依赖于拓扑结构的影响。

微小型 UUV 集群是由环境、任务、自身能力、群体协同等因素耦合的复杂系统,要实现资源与任务之间的优化与均衡,就必须构建与拓扑结构相适应的动态协作与通信机制。免疫智能体交互网络作为一种 MAS 建模方法,采用混杂拓扑来组织系统结构,提出基于免疫网络与市场机制融合的通信协议。其中在 GN 层面设计改进的免疫网络动力学模型实现免疫智能体交互网络的动态分布和群体智能,在 LN 层面给出约束条件下扩展合同网模型实现任务协商。

4.4.1 概念建模

考虑微小型 UUV 集群协同应用场景:当多个 UUV 分散在目标区域,形成一个协同探测、识别、攻击的全局网络,每一个节点能够按照预定的行为动作或策略进行水下机动,例如 UUV 按照预设路径进行水下探测。当某 UUV 在探测范围内感知到入侵目标,该个体就会在趋近目标的同时,在通信范围内发送相关信息给周围个体寻求协同警戒或者攻击,周围近邻个体根据自己的能力、状态等约束条件进行响应,这样就会再形成一个局部网络。如果有多个目标被感知,则同时会在全局网络中形成多个局部网络。通过个体之间的协调与合作在局部网络中围捕目标,同时在局部网络以外区域的其他个体继续保持水下探测等动作,实现全域覆盖。

免疫网络是建立在免疫选择学说的基础上,结合识别、记忆和耐受等进化过程。独特型网络理论被提出来,它认为免疫细胞并不是处于一种静止的、孤立的状态,而是由彼此之间的激励和抑制关系,实现分布式网络的动态平衡。因此利用免疫网络、并行分布式和动态自适应等机制,从免疫智能体交互网络动态机制建模的角度建立免疫网络和微小型 UUV 集群之间的映射关系如表 4-3 所示。

表 4-3 免疫网络和微小型 UUV 集群之间的映射关系

免疫网络	基于免疫智能体交互网络的微小型 UUV 集群
防御系统	协同系统
B 细胞	免疫智能体 UUV
抗原	任务场景/水下环境

续表

免疫网络	基于免疫智能体交互网络的微小型 UUV 集群
抗体	基本行为动作
抗原刺激	任务刺激
抗体浓度	基本行为动作交互强度
抗体激励	基本行为动作交互强度增强
抗体抑制	基本行为动作交互强度减弱
消除抗原	完成目标

具体对应关系为：防御系统与协同系统对应，都是由智能群体构成，实现系统稳定和完成任务；B 细胞与免疫智能体 UUV 对应，都是具有计算功能的 Agent 模型；抗原与任务场景/水下环境对应，都是引起系统发生交互与通信所要实现的具体目标；抗体与基本行为动作对应，都是为实现目标而采取的具体行为措施；抗原刺激与任务刺激对应，作为引起系统目标内在协调的外在因素；抗体浓度与基本行为动作交互强度对应，浓度越大，表明行为动作需求越强，反之越小；抗体激励与基本行为动作交互强度增强对应，表示需要更多的个体进行协调与合作，才能完成具体任务；抗体抑制与基本行为动作交互强度减弱对应，表示由于个体有足够的能力完成任务，抑制其他个体前来协助，否则会造成资源冗余。

不难看出，借助免疫网络机制来构建免疫智能体交互网络的协作与通信机制是合理和可行的，通过调节个体之间的基本行为动作交互强度水平实现集群协同的分布式协调与合作，不仅可以发挥个体的智能性、自主性，还可以实现群体系统的分布性、协同性和鲁棒性。

4.4.2 通信协议

在 4.2 节的论述中，混杂拓扑结构是一个完全分布式的网络控制结构，在局部网络上呈现的是一个分布式的集中控制结构，在设计通信协议时必须以此为依据才能实现交互网络节点的高效率协调与合作。同时，4.3 节详细描述和解释了全局网络与局部网络的形成过程、系统目标、行为交互等要素，并且论证了借助免疫网络机制来构建免疫智能体交互网络的合理性和可行性。

鉴于此,设计改进免疫网络动力学模型和约束条件下扩展合同网模型作为协调控制模型,使通信协议与混杂拓扑结构相适应,如图4-9所示。

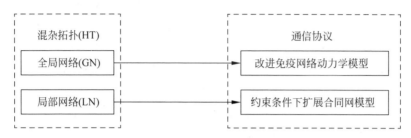

图4-9 通信协议设计原理

在全局网络中,提出改进免疫网络Farmer的动力学模型,设计协调基本行为动作(抗体):航行巡逻Navigation(N)、感知探测Perceiving(P)和趋向目标Moving(M)。综合考虑UUV与UUV、UUV与目标,以及环境等因素,利用基本行为动作交互强度水平实现所有节点的分布式协调控制。

在局部网络中,协调控制模型由UUV感知探测Perceiving(P)和其余UUV趋向目标Moving(M)两个基本行为触发。在这个触发过程中需要考虑三个问题:如何适应混杂拓扑的分布式结构?协商控制过程及其角色变化是什么?如何设计交互行为支撑基本行为策略的实施?针对这些问题,设计约束条件下扩展合同网模型来实现局部网络的协调控制。基本行为策略:航行巡逻N、感知探测P和趋向目标M的详细描述如表4-4所示。

表4-4 协同过程的基本行为动作

No.	行为动作	详细描述
1	N	UUV以分布式结构随机分散在动态环境,以航行巡逻行为动作,形成全局网络
2	P	UUV在探测范围内不断执行感知探测行为动作,并通过广播形式将探测结果发送给通信范围内的其他近邻节点
3	M	周围邻居UUV接收信息后,评估自身能力,执行趋向目标的动作,形成局部网络,其余个体继续执行航行巡逻行为动作

4.5 全局协调控制模型

受免疫网络机制启发[25-27]，研究改进 Farmer 模型设计全局协调控制模型，构建全局网络中个体基本行为动作的协调与控制方案，实现微小型 UUV 集群的协同化建模。

4.5.1 免疫网络动力学模型

根据独特型网络理论，抗体的双重结构使其能够同时识别或被抗原和其他抗体识别，通过激励与抑制关系形成一个动态稳定的免疫网络。在此基础上，著名学者 Farmer 提出了独特型网络的动力学微分数学模型，通过表征抗体在免疫网络中的浓度变化来实现网络的动态自适应性。

假设免疫系统有 N 个抗体$[x_1,x_2,\cdots,x_N]$，M 个抗原$[y_1,y_2,\cdots,y_M]$，则抗体 x_i 的激励水平 A_i 和浓度变化 $a(x_i)$ 可以表示为

$$\dot{A}_i = \left[k_1\sum_{j=1}^{N}M_{ij}a(x_i)a(x_j) - k_2\sum_{j=1}^{N}M_{ji}a(x_i)a(x_j) + \sum_{k=1}^{M}W_{ik}a(x_i)b(y_k)\right] - \lambda_i a(x_i) \tag{4-1}$$

$$a(x_i) = \sigma(A_i)\frac{1}{\tau_i + \exp(-A_i)} \tag{4-2}$$

式(4-1)中，方括号第一项表示抗体 x_i 和 x_j 之间的抗体激励，对应于 x_i 独特位与 x_j 互补位之间的连接，简称为 Stimulus1，M_{ij} 表示抗体之间的激励系数；第二项表示抗体 x_i 和 x_j 之间的抗体抑制，对应于 x_i 互补位与 x_j 独特位之间的连接，简称为 Suppression，M_{ji} 表示抗体之间的抑制系数；第三项表示抗体 x_i 与抗原 y_k 之间的抗原激励，对应于 x_i 互补位与 y_k 表位之间的连接，简称为 Stimulus2，W_{ik} 表示抗体与抗原之间的激励系数；第四项 λ_i 表示抗体 x_i 由于没有发生激励与抑制而产生的自然死亡率；k_1 和 k_2 为常数，用来平衡抗体之

间的激励与抑制。式(4-2)利用 S 型压缩函数完成对抗体浓度的归一化处理。

免疫网络动力学微分方程首次从数学上使免疫网络机制得以展现,已成为人工智能与智能信息处理系统理论与实践创新的重要工具[28]。

4.5.2 改进 Farmer 免疫网络

根据免疫网络动力学模型及映射关系,提出改进 Farmer 免疫网络的协调控制模型,基本行为动作(抗体)交互强度水平(浓度)重新定义为

$$\dot{C}(x_i^k(t)) = C_1(t) + C_2(t) + C_3(t) - C_4(t) \quad (4-3)$$

式中,$\dot{C}(x_i^k(t))$ 表示第 k 个 UUV 采取第 i 个基本行为动作在 t 时刻的交互水平,由 C_1、C_2、C_3 和 C_4 四项组成。其中,C_1 表示交互网络中个体之间行为策略的激励与抑制关系,对应于公式(4-1),将 Stimulus1 和 Suppression 合为一个综合项;C_2 表示抗原的交互水平 Stimulus2;考虑到海洋环境会影响个体行为策略的选择,为此引入 C_3 作为环境误差模型,以保证在建模过程中交互行为等信息的相对真实性;C_4 与公式(4-1)第四项一样,表示行为策略由于没有发生交互关系而引起的自然死亡率。

具体地,C_1(Stimulus1 和 Suppression)定义为

$$C_1(x_i^k(t)) = \sum_{j=1}^{N} \sum_{i \in O_d} U_{ij} c_i(t) c_j(t) \quad (4-4)$$

式中,O_d 表示通信范围内的个体数量集合,$i \in O_d$,U_{ij} 表示第 k 个 UUV 的第 i 个基本行为动作与其他任何个体的第 j 个基本行为动作之间的交互系数。

C_2(Stimulus2)定义为

$$C_2(t) = \sum_{h \in R_d} W_{ik} c_i(t) y_h(t) \quad (4-5)$$

式中,R_d 表示探测范围内的抗原数量集合,$h \in R_d$,W_{ik} 表示第 k 个 UUV 的第 i 个行为策略与第 h 个抗原 y_h 之间的交互系数。

C_3 环境误差模型采用分数布朗运动(fractional Brownian motion,FBM)来描述误差的随机性[29-30]。FBM 是由 Mandelbrot 和 Wallis 在 20 世纪 60 年代

建立降雨量模型时提出的布朗运动误差模型。对于随机化函数 $Y(t)$ 的分数布朗运动具有以下数学性质。

(1) 法正生长性。增量 $Y(t+h)-Y(t)$ 服从正态分布,方差为 $h^{1/2}$,均值为 0。

(2) 独立增量性。对于 $t_1<t_2<t_3<t_4$,增量 $Y(t_2-t_1)$ 与 $Y(t_4-t_3)$ 相互独立。

(3) 时间无关性。对于所有的 $h>0$,$Y(t+h)-Y(t)$ 与 t 无关。

(4) 自放射性质。对于任意的数 u 和 $s,t>0$,则概率为:

$$P(Y(t+h)-Y(t)<u)=P(Y(s\times(t+h))-Y(s\times t)<s^H u)$$

正是由于 FBM 具有以上四个特性,特别是时间无关性,它常常被用来描述误差模型的随机性。随机化魏尔斯特拉斯函数在定义域内满足处处连续但不可微,它是模拟分数布朗运动的一种常用方法,给定数 $b>1$,定义函数:

$$C_3(t)=c_1 b-H\sin(bt+d_1)+c_2 b^{-2H}\sin(b^2 t+d_2)+$$
$$c_3 b^{-3H}\sin(b^3 t+d_3)+\cdots+c_i b^{-iH}\sin(b^i t+d_i) \tag{4-6}$$

式中,c_i 是均值为 0,方差为 1,服从正态分布的变量;d_i 在区间 $0\leqslant d_i\leqslant 2\pi$ 内服从均匀分布;H 是粗糙度指数,可保证随机误差的合理性,消除变量的大幅度波动,$0<H<1$。

C_4 定义为

$$C_4(t)=\frac{k}{\tau+\exp(0.5-C(x_i^k))} \tag{4-7}$$

式中,k 表示自然死亡率,τ 表示压缩常数。

至此,公式(4-3)~式(4-7)共同组成了全局网络的协调控制模型。为了方便计算,公式(4-3)的离散状态方程为

$$C(x_i^k)_{t+1}=C(x_i^k)_t+[C_1(x_i^k)_t+C_2(x_i^k)_t+C_3(x_i^k)_t-k_2 C_4(x_i^k)_t]$$
$$\tag{4-8}$$

在上述模型中,每个个体在协同过程中的基本行为动作(抗体)包括:航行巡逻 N、感知探测 P 和趋向目标 M。通过以上这些行为策略的动力学计算可以实现集群在全局网络的动态分布和群体智能。

4.6 局部协调控制模型

基于免疫智能体交互网络的微小型 UUV 集群中，每个 UUV 在全局网络中采用基本行为策略——航行巡逻 Navigation(N)、感知探测 Perceiving(P) 和趋向目标 Moving(M)，依据改进 Farmer 免疫网络的协调控制方法可以实现集群的动态分布与交互通信。如果探测到目标（抗原入侵），首先探测到的个体发送信息给其通信范围内的近邻节点，根据感知探测 Perceiving(P) 和趋向目标 Moving(M) 两个基本行为策略就会在全局网络中形成一个局部网络。该局部网络可以看作是分布式全局网络中的一个集中式网络，这里的集中式虽然与星形拓扑在结构上相似，但是本质上各个节点依然是分布式的平等关系，中央节点仅仅起到一个组织的作用，不会对其他节点进行控制与规划，其他节点是否加入该局部网络依据其自身能力决定。如何描述和实现在混杂拓扑中由基本行为策略 P 和趋向目标 M 来实现分布式的局部协调控制，提出约束条件下扩展合同网的协商控制模型。

4.6.1 形成过程

局部网络形成的概念建模如图 4-10 所示，其中 UUV 的角色有三种：中央 Agent 节点，激活 Agent 节点（activated agent）和半激活 Agent 节点（semi-activated agent）。当抗原入侵并被 UUV1 探测感知到，局部网络的形成条件被激活。此时 UUV1 的基本行为动作从感知探测 P 转向趋向目标 M，向目标不断趋近并发送信息给探测范围内的近邻个体，角色自动成为中央 Agent 节点。如果个体在通信范围内，这些个体如 UUV2 和 UUV3 自动被激活，其基本动作从航行巡逻 N 转向趋向目标 M，角色自动成为激活 Agent 节点。在局部网络边缘地带上的个体如 UUV4 和 UUV5 则处于半激活状态，角色属于半激活

Agent 节点，因为其接收了多个交互信息，需要进行基本行为动作交互强度大小的决策，选择激励最大的基本行为。例如 UUV4 在某一时刻接收三个交互信息——来自 UUV1 的 P、来自 UUV2 的 M 和来自 UUV6 的 N，则其根据改进 Farmer 动力学模型进行计算，判断是否将基本动作从 N 转向 M，如果发生动作转移，其角色身份由半激活 Agent 节点转变为激活 Agent 节点。除此之外，在局部网络以外的 Agent 节点如 UUV6、UUV7 和 UUV8 由于没有感知探测到目标，则继续执行初始基本行为策略 N。

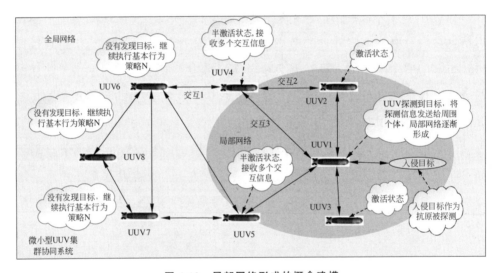

图 4-10　局部网络形成的概念建模

上述局部网络的形成过程是建立在下列假设基础之上的，具体为：

（1）局部网络的范围大小不是简单的通信范围，其与探测范围和通信范围有关，其中局部网络边缘的界定标准为通信范围以外、探测范围以内的圆环区域；

（2）局部网络中每个 UUV 节点是无私的，每个节点都是为了共同目标进行协调与合作，即 Agent 节点不会发生懒惰、隐瞒自身能力的情况；

（3）局部网络中每个 UUV 节点基本行为策略（动作）的变化都是建立在自身约束条件之上的，换句话说，UUV 节点需要满足约束条件要求才能加入局部网络中；

(4) 局部网络中的中央 Agent 节点的产生标准是其第一个探测感知到入侵目标(抗原),换句话说,中央 UUV 是第一个发生基本行为策略从 P 转向 M 的 Agent 节点;

(5) 成为激活 Agent 节点的标准是在通信范围之内,成为半激活 Agent 节点的标准是在局部网络边缘。

4.6.2 通信协议

1. 合同网概述

合同网协议(contract net protocol,CNP)是由 Smith 和 Davis 在分布式问题求解过程中提出的方法[19,31-32],其基本原理是模拟市场机制中的"招标-投标-中标"经济行为,将员工角色分为两类:管理者和合同者。其中,管理者负责招标、中标、监视任务执行及处理执行结果,而合同者则负责投标、接受和执行任务,标值成为各 Agent 之间输入输出协调的控制变量,通过控制变量的优化实现任务的协商与分配,最终获得全局最优解。其协商过程如图 4-11 所示。

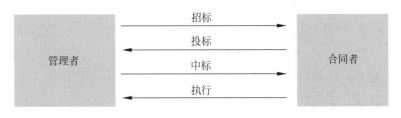

图 4-11 合同网协商过程

(1) 招标阶段(announcemant):管理者根据自身情况提出任务合同倡议(call for proposal,CFP),通过广播或点播通信向合同者发出招标信息,并将任务场景信息向外界进行公布。

(2) 投标阶段(bidding):接收到 CFP 消息的合同者根据自身能力和任务要求,在有效时间范围内表达其交互意愿,并向管理者发出投标说明。

(3) 中标阶段(awarding):管理者依据截止时间前接收到的各个合同者发

送的投标说明,进行标书选择,并向所选中的合同者发出中标信息。

(4) 执行阶段(executing):收到中标信息的合同者将接受的合同加入任务队列,依据任务优先级和时间约束条件等因素,在适当时间执行任务并将执行结果送达管理者。

CNP 作为一种有效的 MAS 协调与合作机制,被广泛应用于多个领域,展现出良好的动态性、扩展性和鲁棒性。目前,CNP 也被引入到多 UUV 系统协调与合作,如郝莉莉等人提出利用 Simulink/Stateflow 构建 AUV 群体协作 CNP 模型[33],并进行与 AUV 运动学模型相结合的混合仿真,以验证这种任务分配方法的有效性;康凤举等人建立基于 CNP 的 AUV 编队多约束多目标任务规划数学模型[34],并通过着色 Petri 网实现了系统的形式化建模与仿真。虽然 CNP 在多 UUV 系统协调与合作方面得到了一些研究成果,但是在实际应用中,由于任务与环境复杂度高,CNP 的缺点和不足也不能忽视。

(1) 在协商过程中,通过一定的定量化指标,例如资源均衡度、最大效能等,将多 UUV 协商过程变换为数学的优化问题,这往往忽略了 UUV 个体能源、探测范围等个体能力及环境变化约束条件,也没有较好地认识到 CNP 是一个离散交互行为协调过程的本质。

(2) 协商过程中产生的通信量大。在 CNP 协商过程中,中央节点采用广播方式进行交互通信,如果协商失败会重新进行多次协商,这无疑增加了管理者与合同者的决策负担,容易造成网络负载过重,影响协商效率。

为了克服以上两个缺点和不足,在局部协调控制模型设计时将考虑多方面的约束条件,并采取减少网络通信量的设计方案。

2. 标准通信动作

FIPA(Foundation for Intelligent Physical Agents)是一个致力于促进 Agent 技术工业化和标准化的非营利国际组织,提出了多项面向 Agent 的技术标准,其中针对 Agent 协商和通信问题,利用统一建模语言(unified modeling language,UML)强大而清晰的时序表达能力,给出了 CNP 的 FIPA-CNP 交互协议[35]，如图 4-12 所示。Agent 依据协调过程的需要分配两种角色：Initiator Agent 和 Participant Agent，分别与管理者和合同者对应。

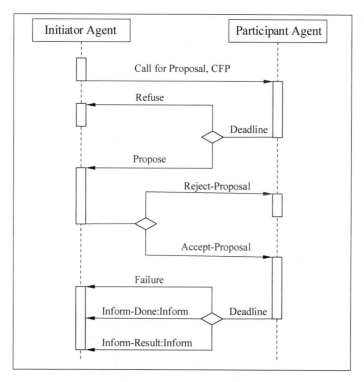

图 4-12　FIPA-CNP 交互协议

具体过程为：Initiator Agent 向 Participant Agent 发送任务合同倡议 CFP；在规定的截止时间（Deadline）范围内，Participant Agent 有两种响应过程，可以向 Initiator Agent 提交拒绝（Refuse）或提交提议（Propose），Initiator Agent 根据情况，拒绝合同者或者选定合同者，即回应 Participant Agent 提交拒绝（Reject-Proposal）或接受（Accept-Proposal）；在规定的截止时间（Deadline）范围内，Participant Agent 作为被选定的合同者来执行任务，并将任务执行结果通知（Inform）发送给 Initiator Agent，结果分别为任务执行失败（Failure）和成功完成（Done）。需要特别指出的是，Initiator Agent 作为合同倡议 CFP 的发起者，在任务执行的过程中有权根据情况随时取消（Cancel）合同。

事实上，Initiator Agent 和 Participant Agent 之间的 FIPA-CNP 交互协议是基于语义的通信动作（communicative act），通过类似于拒绝（Refuse）和接受（Accept）之类的动作告诉 Initiator Agent 和 Participant Agent 应该按照何种方式解释消息的内容，具有容易理解、扩展性强的特点。为了实现通信功能的完备性和丰富性，FIPA 的通信动作库包含 22 个动作：Accept-Proposal，Agree，Cancel，Call for Proposal，Confirm，Disconfirm，Failure，Inform，Inform-If，Inform-Ref，Not-Understand，Propagate，Propose，Proxy，Query-If，Query-Ref，Refuse，Reject-Proposal，Request-When，Request-Whenever，Subscribe 等。

如果将 FIPA-CNP 交互协议中的通信动作抽象出来作为不同角色 Agent 之间的交互行为，则可认为交互行为的驱动是实现 Agent 之间的协调与合作的内在动力。因此，构建交互行为与通信动作的对应关系如图 4-13 所示，通过这种对应关系的建立可以实现 FIPA-CNP 通信协议中行为交互与通信的统一。

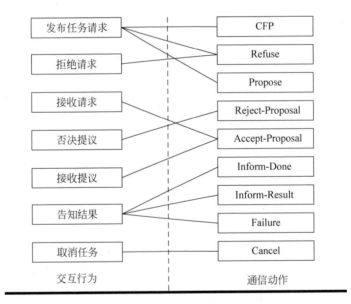

图 4-13　交互行为与通信动作的对应关系

FIPA-CNP 交互协议在协商控制过程中不仅能够满足分布式结构的集中控制，而且具有丰富的通信动作，还能根据实际需要扩展。上述两个优点正是选取 CNP 作为局部网络协调控制模型的根本原因。

4.6.3 约束条件

海洋环境多变、任务繁多,以及 UUV 类型和能力不同等原因,可造成 UUV 能源损耗、突发事件响应、任务资源分布、地理位置等场景态势发生复杂变化,最终影响网络的组织结构和任务的执行效率。因此,在设计扩展 CNP 的自适应动态通信协议过程中,要充分考虑约束条件对局部网络的影响,以确保协调控制的结果有效,并最大限度地减少通信量。为此,考虑四个与网络紧密结合的约束条件:任务时间窗口、自身健康状态、电池能源状态和水下探测范围。这些约束条件在面向微小型 UUV 集群的免疫智能体交互网络动态机制建模中,无论是对混杂拓扑网络的形成还是通信协议的运行都扮演着非常重要的角色,特别是在局部网络的协调控制过程中,可直接影响任务规划与协调。

1. 任务时间窗口约束

在任务动态规划与协调过程中,由于应用场景、水下环境等因素,往往存在一个最佳时间段 $T_f = [T_s, T_e]$,其中 T_s 和 T_e 为任务执行的最佳起始时间和结束时间,则任务时间窗口 $T = T_e - T_s$ 满足:

$$T_{min} \leqslant T \leqslant T_{max} \tag{4-9}$$

其中,T_{min} 和 T_{max} 为任务执行窗口的最小时间和最大时间。

2. 自身健康状态约束

在 3.4.2 节中免疫智能体 UUV 通过状态集 $SS = \{SS1, SS2, SS3, SS4, SS5, SS6\}$ 来描述和刻画 UUV 健康状态的各个方面,具体状态表现可以通过可靠性理论的数学概率进行表示,其中 SS1、SS5 和 SS6 的状态可靠度分别表示 $f_{SS1}(x) = 1.0$、$f_{SS5}(x) = 0$ 和 $f_{SS6}(x) = 0$,而 SS2、SS3 和 SS4 的状态可靠度定义如下。

电子故障 SS3 失效概率 $f_{S3}(x)$ 的分布函数用正态分布表示：

$$f_{S3}(x) = \frac{1}{\sqrt{2\pi}\sigma}\exp\left(-\frac{(x-\mu)^2}{2\sigma^2}\right) \tag{4-10}$$

则电子故障 SS3 的状态可靠度 $f_{SS3}(x)$ 表示为

$$f_{SS3}(x) = 1 - f_{S3}(x) \tag{4-11}$$

其中，μ 和 σ 是正态分布参数。

机械故障 SS2 和机体损伤 SS4 的失效概率 $f_{S2}(x)$ 和 $f_{S4}(x)$ 的分布函数用指数分布表示：

$$f_{S2}(x) = \begin{cases} \lambda_2 e^{-\lambda_2 x}, & x > 0 \\ 0, & x \leqslant 0 \end{cases} \tag{4-12}$$

$$f_{S4}(x) = \begin{cases} \lambda_4 e^{-\lambda_4 x}, & x > 0 \\ 0, & x \leqslant 0 \end{cases} \tag{4-13}$$

则机械故障 SS2 和机体损伤 SS4 的状态可靠度 $f_{SS2}(x)$ 和 $f_{SS4}(x)$ 分别表示为

$$f_{SS2}(x) = 1 - f_{S2}(x) \tag{4-14}$$

$$f_{SS4}(x) = 1 - f_{S4}(x) \tag{4-15}$$

其中，λ 是指数分布参数。

当 UUV 自身状态可靠度小于其对应的状态阈值，其不能再参与交互网络的任务规划与协调。例如，SS3 的状态可靠度 $f_{SS3}(x) = 0.76$，若预设阈值 $f_{SS3}^{th}(x) = 0.80$，则由于其可靠度小于阈值，该个体不能再作为网络节点参与交互网络的通信。

3. 电池能源状态约束

由于 UUV 的水下任务、潜航时间、航程距离等原因，对能源状态的要求一般较高，特别是电池提供能源的方式。这是因为电池可以不受水下环境、下潜深度等因素，同时具有高隐蔽性和低噪声的优势。电池能源状态约束定义如下：

$$P_{\min}^{T} \leqslant P(t) \qquad (4-16)$$

其中，$P_{\min}^{T}$ 表示 UUV 完成任务所需能源的最低阈值，$P(t)$ 表示当前 UUV 的能源状态，只有其大于最低阈值才能加入免疫智能体交互网络进行通信。

4. 水下探测范围约束

传感系统作为唯一与外界环境和其他 UUV 进行信息感知与交互的接口，其探测能力对 UUV 的水下运动有着不可忽视的作用。因此，在免疫智能体交互网络中需要考虑 UUV 水下探测范围约束对通信交互的影响。为计算简单和方便实施，将水下探测范围简化为立体扇面如图 4-14 所示。

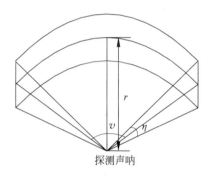

图 4-14　探测范围区域示意图

图 4-14 中，r 表示探测扇面的半径（探测距离），v 表示水平扇面夹角，η 表示垂直扇面夹角。

4.6.4　协调过程

1. CNP 模型应用的具体过程

在局部网络中个体角色分为虚拟中央 UUV 节点、激活 UUV 节点和半激活 UUV 节点，将这些角色映射到 CNP 的角色中来，具体对应关系为：虚拟中央 UUV 节点为招标者（tender UUV-based agent，TUA），激活 UUV 节点和半激活 UUV 节点为投标者（bidder UUV-based agent，BUA），最终投标成功的

UUV 节点为中标者(winner UUV-based agent,WUA)。利用 CNP 模型,具体步骤扩展如下。

(1) 招标者(TUA)形成。在交互网络中,UUV 首先发现入侵目标(抗原)的网络节点,并且执行基本行为动作感知探测 P,其自动成为招标者 TUA。

(2) 投标者(BUA)形成。局部网络中执行航行巡逻 N 的激活 UUV 节点和半激活 UUV 节点,全部自动成为投标者 BUA。

(3) 发标(Announcement)。TUA 发现自己无力承担当前任务,在其通信范围内以广播通信的方式向所有投标者 BUA 发出请求,并且基本行为动作从感知探测 P 转向趋向目标 M。

(4) 投标(Bidding)。投标者(BUA)收到招标信息后,依据任务时间窗口、自身健康状态、电池能源状态和水下探测范围等四个约束条件,判断自己是否具备完成该任务的能力,同时对招标者(TUA)发送的招标信息作出回应。

(5) 中标(Awarding)。招标者(TUA)收到所有投标者(BUA)提交的投标信息,或预定的投标截止时间到达后,向提出此标的投标者(BUA)发出中标消息,同时该投标者(BUA)角色转换为中标者(WUA),并且基本行为动作从航行巡逻 N 转向趋向目标 M。

2. 决策与控制模型

局部网络的形成是建立在感知探测 P 和趋向目标 M 两个基本行为动作的基础上,但是约束条件的引入造成了协调过程逻辑和行为的复杂化,如何设计详细和丰富的交互行为支撑基本行为动作的实施决定了局部网络协调控制的质量和效率。为此,利用 FIPA-CNP 丰富的通信动作及其对应的交互行为,建立扩展合同网的协商控制模型如图 4-15 所示。

(1) 虚拟中央 UUV 节点。该节点首先探测感知到入侵目标,其基本行为动作从 P 转向 M,并采用广播模式,通过通信动作发送请求信息(Sending-Information)向局部网络内的近邻节点发送请求和目标信息。

(2) 激活 UUV 节点。首先,在虚拟中央 UUV 节点通信范围内收到请求

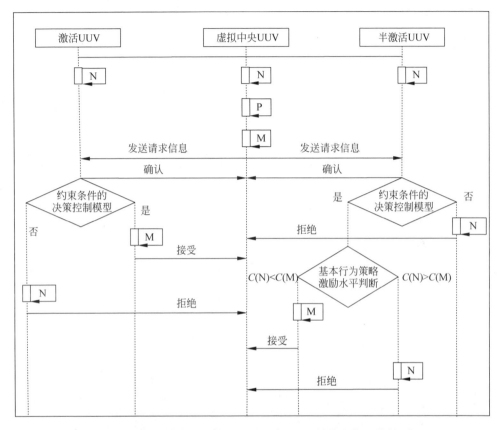

图 4-15 约束条件下基于 FIPA-CNP 扩展的协商控制模型

信息后,激活 UUV 节点通过通信动作确认(Confirm)向中央节点发送确认信息,确保双向交互行为的联通;进一步,激活 UUV 节点执行约束条件的决策控制模型,约束条件包括任务时间窗口、水下探测范围、电池能源状态和自身健康状态四项,如图 4-16 所示。以任务时间窗口为例进行说明,如果 BUA 接收的任务请求信息满足任务时间窗口,则执行水下探测范围判断,否则拒绝请求提议,依次进行其他约束条件的判断。如果最后自身健康状态满足条件则无条件接受请求,执行基本行为动作 M,并以通信动作接受(Accept)发送接受结果给虚拟中央 UUV 节点;反之,继续执行基本行为动作 N,并以交互行为拒绝(Refuse)发送拒绝结果给虚拟中央 UUV 节点。通过约束条件的决策控制模型判断,可以有效减少无效 UUV 参与局部网络的形成及其影响,进而实现网络通信规模的减少,保证任务协商的质量和效率。

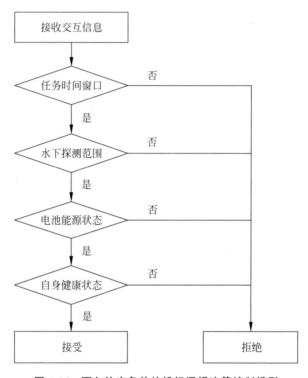

图 4-16　面向约束条件的投标逻辑决策控制模型

(3) 半激活 UUV 节点。半激活 UUV 节点接收到请求信息后,立即执行约束条件的逻辑决策控制模型,与激活 UUV 节点的判断流程一致,如图 4-16 所示。如果满足约束条件的决策判断,由于其接收多个行为交互信息,则需要依据交互强度水平来进一步进行决策,具体为

IF $C(N) < C(M)$, THEN the behavior strategy of Moving is chosen

(4-17)

IF $C(N) > C(M)$, THEN the behavior strategy of Navigation is chosen

(4-18)

如果基本行为动作 N 的激励水平小于基本行为动作 M 的激励水平,根据公式(4-17)选择基本行为动作激励水平最高的 M,则说明需要更多 UUV 模型

参与任务；反之，根据公式(4-18)选择基本行为动作激励水平最高的 N，则其继续保持基本行为动作 N 进行水下巡逻探测。无论半激活 UUV 节点选择哪种基本行为动作，都需要以通信动作接受（Accept）或拒绝（Refuse）发送结果给虚拟中央 UUV 节点。

至此，基于免疫网络与市场机制融合的协商通信协议已经建立。在微小型 UUV 集群建模过程中，无论全局网络协调控制模型中的基本行为动作，还是局部网络协调模型中的请求信息（Sending-Information）、确认（Confirm）、接受（Accept）和拒绝（Refuse）等通信动作，这些行为和动作的执行和演化共同构成了 UUV 模型之间的交互网络，形成了与混杂拓扑网络匹配的动态自适应协作机制。

4.7 协商通信语言建模

扩展 CNP 模型通过一系列的招投标策略和通信动作来实现免疫智能体交互网络框架下的局部动态协作，完成了通信协议层的数学建模。如何将这种数学模型转变为交互语言实现通信动作的信息化成为建模过程中必须要考虑的问题。目前，关于 Agent 的主流通信语言主要分为两种：KQML 和 FIPA-ACL（Agent communicating language）。由于 KQML 具有可扩展性、可重用性等特点，能够满足和支持不同规模、不同场景的分布式 MAS 环境下知识和信息的共享，得到了国内外学者的广泛应用。因此，本节利用 KQML 行为交互的语言建模，完成通信协议的消息传递。

4.7.1 KQML 原语

KQML 是美国高级研究计划署提出的知识共享计划的组成部分，作为构建大规模、动态性知识库的技术和方法论被提出，利用知识共享和重用实现合作问题的求解,已成为 Agent 通信语言的实施标准[36]。KQML 作为表达和处理消息的标准格式,通过一系列可扩展的行为原语集(Performatives),完成 Agent 获取知识和目标时可能的操作。原语按照层次结构分为:通信层、消息层和内容层,如图 4-17 所示。

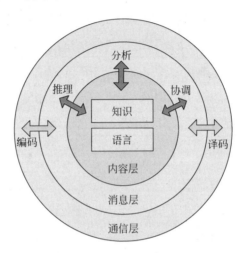

图 4-17　KQML 原语的层次结构

内容层(content layer)利用 Agent 编程语言传递消息的真实内容,存在语言无关行为,其为 Agent 之间的互操作提供了支持基础。目前,常用的方式有 ASCⅡ字符串和二进制流来描述。

消息层(message layer)定义发送消息协议及提供内容层消息传递所对应的语义动作,如断言、查询、命令或其他类型,以决定 Agent 针对消息采取什么样的具体行为反应,是 KQML 结构中最为重要的部分。

通信层(communication layer)主要负责对参与通信双方的消息特征和底层参数进行编码和描述,如消息接收者和发送者的身份,以及此次通信的标识。

一条 KQML 原语消息涵盖了内容层、消息层和通信层,其目的是让接收者执行某个动作。一般地,KQML 通信原语包含的基本属性如表 4-5 所示。

表 4-5 KQML 通信原语格式列表

属性	参数类型	解释	所属层次
: Sender	〈word〉	消息发送者	通信层 (communication layer)
: Receiver	〈word〉	消息接收者	
: Reply-with	〈word〉	消息标识符	
: In-reply-to	〈word〉	所回应消息的标识符	
: Language	〈word〉	内容语言	消息层 (message layer)
: Ontology	〈word〉	本体特性	
: Content	〈ASCⅡ字符串〉	消息内容	内容层(content layer)

KQML 原语的基本属性定义了 Agent 之间知识库的访问和操作，其与 CNP 的通信动作在功能和内容上具有天然的吻合性，因此可以利用 KQML 对免疫智能体交互网络框架下的扩展 CNP 模型进行语言描述。

4.7.2 通信动作

在面向微小型 UUV 集群的免疫智能体交互网络的动态交互过程中，涉及 Sending-Information、Confirm、Accept 和 Refuse 等多个通信动作。因此，利用 KQML 的可扩展性对其进行原语扩展，以满足通信协议的交互语言建模[37]。具体扩展如下。

（1）Sending-Information（UUV_X,*,Task）. UUV_X 作为虚拟中央节点将任务 Task 采用广播方式招标，* 表示局部网络中潜在的投标者，具体格式为

```
{ Sending - Information
    : Sender            UUV_X
    : Receiver          *
    : Reply - with      X~Y
    : In - reply - to   X~Y
    : Content           请求信息及目标的相关信息
}
```

（2）Confirm（UUV_Y,UUV_X）. 作为对 Sending Information 的回应，UUV_Y 接收到 UUV_X 的任务请求后，需要发送确认信息，具体格式为

```
{ Confirm
  : Sender         UUV_Y
  : Receiver       UUV_X
  : Reply-with     Y~X
  : In-reply-to    Y~X
  : Content        收到请求信息
}
```

（3）Accept(UUV_Y,UUV_X,Task)。UUV_Y 接受 UUV_X 关于任务的招标提议,具体格式为

```
{ Accept
  : Sender         UUV_Y
  : Receiver       UUV_X
  : Reply-with     Y~X
  : In-reply-to    Y~X
  : Content        接受请求
}
```

（4）Refuse(UUV_Y,UUV_X,Task)。UUV_Y 拒绝 UUV_X 关于任务的招标提议,具体格式为

```
{ Refuse
  : Sender         UUV_Y
  : Receiver       UUV_X
  : Reply-with     Y~X
  : In-reply-to    Y~X
  : Content        拒绝原因
}
```

可见,扩充的 KQML 原语能满足免疫智能体交互网络的交互语言建模,在实际应用中还可以根据需要继续进行扩充,具有较强的灵活性和扩展性。

4.7.3　语言集成与转换

KQML 利用其结构的灵活性和扩展性,能够满足 Agent 之间消息传递的基本需要,但在实际应用中还面临两个问题:①消息内容解析难度大;②缺乏消息内容有效性检查。KQML 消息通过字符串形式表示语句、元素或对象等

内容,如若出现编写错误,缺乏相应的纠错机制进行有效性检查。例如当 Agent 接收到错误消息并对其进行解析,如果缺少关键信息,则可能对其进行遗弃处理并要求重发,会导致网络资源消耗和通信效率降低的不利结果。

XML 可扩展置标语言作为一种结构性的标记语言,是处理分布式结构信息的有效工具,具有开放性、跨平台等特点。XML 强调形式描述与内容描述的分离,KQML 注重通信动作与通信内容无关,可见两种消息语言具有相似性,而且 XML 相比 KQML 具有如下优点:①消息结构和内容易于解析;②具有严格的语法有效性检验机制。因此,将 XML 的优势集成到 KQML 会使消息结构和语义关系更加清晰,通信更加灵活,更重要的是允许 Agent 之间以一种开放性、平台无关性的方式进行消息通信[38]。具体地,利用 XML 消息结构来表示 KQML 通信原语消息层和内容层,构造出 KQML 消息结构,实现免疫智能体交互网络建模中行为动作与通信语言之间的转换。

具体地,以 Sending-Information 为例说明扩展 KQML 通信原语与 XML 语言之间的转换格式:

```
{ Sending - Information
    : Sender           UUV_X
    : Receiver         UUV_Y
    : Reply - with     X～Y
    : In - reply - to  Y～X
    : Language         XML
    : Ontology         Torpedo
    : Content          Destroy target Submarine_T: Position(1000m, 2000m), Velocity
                       (5kn), Depth( - 200m).
}
```

具体转换 XML-DTD 形式如下:

```
〈? xml version = "1.0" encoding = "UTD - 8"?〉
    〈 Sending - Information 〉
        〈 Sender 〉 UUV_X〈 /Sender 〉
        〈 Receiver 〉 UUV_Y〈 / Receiver 〉
        〈 Reply - with 〉 X～Y 〈 / Reply - with 〉
        〈 In - reply - to 〉 Y～X 〈 / In - reply - to 〉
        〈 Content 〉 Destroy target Submarine_T 〈 / Content 〉
```

```
〈Type〉001〈/Type〉
〈Position〉(1000m,2000m)〈/Position〉
〈Velocity〉5kn〈/Velocity〉
〈Depth〉-200m〈/Depth〉
〈/Sending-Information〉
```

通过结构化的 XML 描述扩展 KQML 原语消息,不仅结构简单、逻辑清晰,而且利于开放环境的解释和验证。

4.8 小结

在微小型 UUV 集群协同建模过程中,研究了约束条件下自适应动态协作与通信机制,完成从拓扑结构层、通信协议层和交互语言层等三个层次上实现网络节点之间的规划、协调与通信。在拓扑结构层,给出面向免疫智能体交互网络的混杂拓扑结构,通过分析拓扑结构与系统结构之间的映射关系实现了拓扑结构与分布式结构的建立与统一。在协商通信层,设计免疫网络与市场机制融合的动态协作与通信模型,实现网络节点的无中央分布式协调与通信,其中在全局网络提出了改进免疫网络的动力学模型,在局部网络设计了约束条件下扩展 CNP 模型及其通信动作。在交互语言层,利用 KQML 语言的可扩展性实现动作交互信息的扩展,并借助 XML 语言实现 KQML 消息结构的集成与转换,为分布式仿真系统的构建提供底层通信服务。

参考文献

[1] 康帅,俞建成,张进. 微小型自主水下机器人研究现状[J]. 机器人,2023,45(2):218-237.
[2] GOLDBERG D,SEEREERAM S,KEY B. Swarming unmanned underwater vehicles:The future of undersea warfare[J]. Sea Technology,2017,58(4):31-36.
[3] 陈健瑞,王景璟,侯向往,等. 挺进深蓝:从单体仿生到群体智能[J]. 电子学报,2021,49(12):2458-2467.

[4] LIANG H T, CAO H, FU Y F. Decentralized adaptive flocking control algorithm with avoiding collision and preserving connectivity for crowded UUV swarm with uncertainties and input saturation[J]. Ocean Engineering, 2021, 237: 109545.

[5] PENG Z, WANG J, WANG D, et al. An overview of recent advances in coordinated control of multiple autonomous surface vehicles[J]. IEEE Transactions on Industrial Informatics, 2021, 17(2): 732-745.

[6] 黄琰. 轻型长航程 AUV 关键技术及控制问题研究[D]. 北京：中国科学院大学, 2020.

[7] 邹佳运, 曲泓玥, 陈志鹏. 大规模水下滑翔机集群区域覆盖探测路径规划[J]. 水下无人系统学报, 2021, 29(1): 23-29.

[8] LIANG H T, FU Y F, GAO J. Bio-inspired self-organized cooperative control consensus for crowded UUV swarm based on adaptive dynamic interaction topology[J]. Applied Intelligence, 2021, 51: 4664-4681.

[9] 刘星璇, 范学满. 微小型无人潜航器（UUV）研究现状及应用分析[J]. 信息系统工程, 2021, 8: 137-139.

[10] TAN Y W, WANG J D, LIU J J, et al. Unmanned systems security: Models, challenges, and future directions[J]. IEEE Network, 2020, 34(4): 291-297.

[11] 梁洪涛, 康凤举. 考虑时延约束的 UUV 密集集群自适应聚集控制方法[J]. 水下无人系统学报, 2023, 31(2): 221-228, 258.

[12] XU H, MANDAL S, PATTIPATI K R, et al. An optimization-based distributed planning algorithm: A blackboard-based collaborative framework [J]. IEEE Transactions on Systems, Man, and Cybernetics: Systems, 2014, 44(6): 673-686.

[13] LEE J, LEE S J, CHEN H M, et al. Composing web services enacted by autonomous agents through agent-centric contract net protocol [J]. Information and Software Technology, 2012, 54(9): 951-967.

[14] MENG W, HE Z R, TEO R, et al. Integrated multi-agent system framework: Decentralised search, tasking and tracking[J]. IET Control Theory & Applications, 2015, 9(3): 493-502.

[15] 高黎, 沙基昌. 基于合同网的分布式卫星系统任务优化分配研究[J]. 宇航学报, 2009, 30(2): 815-820.

[16] YUAN Q D, GUAN Y, HONG B R, et al. Multi-robot task allocation using CNP combines with neural network[J]. Neural Computing and Applications, 2013, 23(7): 1909-1914.

[17] 王茜竹, 赵春江, 汪霞, 等. 基于心智与扩展合同网的半自治多智能体任务分配[J]. 计算机集成制造系统, 2015, 21(11): 2885-2892.

[18] LIANG H T, KANG F J. Research of Task Allocation Modeling Based on Extended Contract Net Protocol and MAS for UUV Collaborative System [C]//Chinese Simulation Conference, 2015.

[19] OWLIYA M, SAADAT M, JULES G G, et al. Agent-based interaction protocols and topologies for manufacturing task allocation[J]. IEEE Transactions on Systems, Man, and Cybernetics: Systems, 2013, 43(1): 38-52.

[20] GUO G B, ZHANG J, VASSILEVA J. Improving PGP web of trust through the expansion of trusted neighborhood[C]//2011 IEEE/WIC/ACM International Joint Conferences on Web Intelligence (WI) and Intelligent Agent Technologies, 2011: 489-494.

[21] OWLIYA M, SAADAT M, JULES G G, et al. Agent-based interaction protocols and topologies for manufacturing task allocation[J]. IEEE Transactions on Systems, Man, and Cybernetics: Systems, 2013, 43(1): 38-52.

[22] ZHU Q M, ALDRIDGE S L, RESHA T N. Hierarchical Collective Agent Network (HCAN) for efficient fusion and management of multiple networked sensors[J]. Information Fusion, 2001, 8: 266-280.

[23] HSIAO J H, CHEN K C. Network Analysis of Collaborative Cyber-Physical Multi-Agent Smart Manufacturing Systems[C]//2019 IEEE/CIC International Conference on Communications in China (ICCC), Changchun, China, 2019: 219-224.

[24] 许真珍, 李一平, 封锡盛. 一个面向异构多 UUV 协作任务的分层式控制系统[J]. 机器人, 2008, 30(2): 155-159.

[25] PROKOPENKO M, WANG P, VALENCIA P, et al. Self-organizing hierarchies in sensor and communication networks[J]. Artificial Life, 2005, 11(4): 407-426.

[26] 王辰成. 基于危险理论与免疫独特型网络的入侵检测方法[D]. 衡阳: 南华大学, 2018.

[27] ZHANG W, YEN G G, HE Z. Constrained optimization via artificial immune system[J]. IEEE Transactions on Cybernetics, 2014, 44(2): 185-198.

[28] RAZA A, FERNANDEZ B R. Immuno-inspired robotic applications: A review[J]. Applied Soft Computing Journal, 2015, 37: 490-505.

[29] 朱华, 姬翠翠. 分形理论及其应用[M]. 北京: 科学出版社, 2011.

[30] FAUTH A, TUDOR C A. Multifractal random walks with fractional Brownian motion via Malliavin calculus[J]. IEEE Transactions on Information Theory, 2014, 60(3): 1963-1975.

[31] ILYA K, EFE C B, DAWN M T, et al. Cooperative product agents to improve manufacturing system flexibility: A model-based decision framework[J]. IEEE Transactions on Automation Science and Engineering, 2023, 20(1): 440-457.

[32] JULES G, SAADAT M. Agent cooperation mechanism for decentralized manufacturing scheduling[J]. IEEE Transactions on Systems, Man, and Cybernetics: Systems, 2017, 47(12): 3351-3362.

[33] 郝莉莉, 顾浩, 杨惠珍, 等. Simulink/Stateflow 的 AUV 群体协作合同网快速原型仿真[J]. 火力与指挥控制, 2013, 38(2): 26-30.

[34] 郝莉莉, 顾浩, 康凤举, 等. 一种资源约束下的 AUV 编队系统动态任务规划方法[J]. 鱼雷技术, 2014, 22(4): 277-281.

[35] JAGGA A, SINGH A. Assessment of KQML improved[J]. International Journal of Advanced Networking and Applications, 2016, 7(6): 2931-2935.

[36] 廖守亿, 王仕成, 张金生. 复杂系统基于 Agent 的建模与仿真[M]. 北京: 国防工业出版社, 2015.

[37] LIANG H T,KANG F J,LI H H. UUV formation system modeling and simulation research based on multi-agent interaction chain[J]. International Journal of Modeling, Simulation,and Scientific Computing,2015,6(2):1-23.

[38] LI Z H,CHEN Y,SHEN L X. A component based reconfigurable manufacturing execution system[J]. Advances in Information Sciences and Service Sciences,2011,3(10):167-175.

5 交互网络框架下的信息融合研究

5.1 引言

微小型 UUV 集群协同应用场景,需要利用微小个体在空间、时间、功能和资源上的分布性来实现数据共享和融合[1-4],特别是在水下目标跟踪过程中显得尤为明显[5-8]。MAS 信息融合主要利用 Agent 的自主性、分布性和协作性等特性,实现对复杂的、局部的、不确定性的多源信息进行综合处理分析,最终使 MAS 系统了解全局态势。因此构建 MAS 信息融合框架及其融合模型成为 MAS 系统研究的热点之一[9-11]。免疫智能体交互网络作为微小型 UUV 集群协同建模的新方法,如何实现 MAS 信息融合及其在目标跟踪中的应用需要进一步研究。

本章通过研究与分析 MAS 信息融合理论和免疫智能体交互网络信息融合建模的可行性,提出基于数据层结构的免疫智能体交互网络的信息融合模型,并以目标跟踪为研究目标,设计多层次的目标跟踪算法实现目标定位与跟踪。

5.2 协同化信息融合建模

5.2.1 信息融合

信息融合(information fusion,IF)是指利用多传感器网络产生的不同时间和空间的信息资源,经过融合中心及融合算法获得被测对象的状态估计。其中,多传感系统是信息融合的基础,多源数据是信息融合的对象,融合算法是信息融合的核心。通过融合,可以在空间和时间维度上充分利用数据层、特征层和决策层上每一个信息源,提高整个系统的协同性能。

MAS 信息融合(mulitple-agents information fusion,MAIF)主要依据 MAS 的分布式特点,以 Agent 作为感知节点,建立多 Agent 的信息融合模型,实现多 Agent 之间信息冗余与互补,提升 MAS 系统的整体优势。

免疫智能体交互网络是一种研究集群协同的 MAS 新方法,其中微小个体在空间、时间、功能和资源上的分布特性构成了 MAIF 的基础,为实现集群协同的信息融合提供了可能。

(1) 空间分布性:微小型 UUV 集群利用其在水下空间的广域分布可以全方位地获取水下运动的目标信息。

(2) 时间分布性:微小个体可以在不同的时间段或时间点工作,提供不同时间段或时间点的目标信息。

(3) 功能分布性:微小个体的类型可以各不相同,同构或是异构,即其在功能上是分布的或具有多样性的。

(4) 资源分布性:微小个体可以利用协同搜索、目标跟踪等不同粒度的知识和功能,实现对环境的感知和目标的跟踪。

显然,利用免疫智能体交互网络中各节点来完成信息融合功能是可行和合适的[12],能够实现集群协同系统对水下目标信息进行多角度、多层次的融合处理与综合。当前,目标跟踪已是信息融合技术的主要应用领域之一,为此本章将重点对免疫智能体交互网络框架下协同化信息融合与目标跟踪基础模型展开研究。

5.2.2 融合结构

随着信息融合技术的不断发展,国内外学者在不同应用领域提出了功能各异的信息融合模型,其共同点是在信息融合过程中进行多级处理,以获取高精度的融合结果。现有模型分为结构型和功能型两类[13]:①结构型通过提取信息源数据进行构建,典型模型有数据层融合结构、特征层融合结构和决策层融合结构;②功能型依据信息源(传感器)逻辑顺序进行构建,典型模型有情报环和控制回路环。这些信息融合模型一般针对特定的应用领域被提出来,为深入开展信息融合理论的研究作出了巨大的贡献。

其中,数据层融合结构如图 5-1 所示,其直接对传感器的观测数据进行关联与融合,然后基于融合结构进行行为策略的规划。虽然这种结构相对其他模型显得简单,但是其可以直接对观测数据进行融合,不会存在信息丢失的问题,为获取较高的融合精度提供了保障。

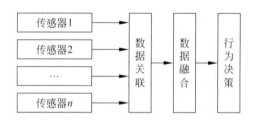

图 5-1 数据层融合结构示意图

借鉴数据层融合结构模型,提出免疫智能体交互网络协同化信息融合模型,如图 5-2 所示。在免疫智能体交互网络的微小型 UUV 集群协同建模过程中,利用各网络节点在空间、时间、功能和资源上的分布性,使得协同系统能够实现互补信息的综合与优化,产生对水下环境和目标的一致性解释或描述,并利用新的更加全面的融合结果指导集群自主行为决策。具体行为可以是第 3 章所讲述的个体行为反应、规划和学习,也可以是第 4 章所讲述的集群协同的基本行为动作的优化。该模型自下而上的融合过程能够直观、清晰地表达网络节点信息获取流向与处理过程。

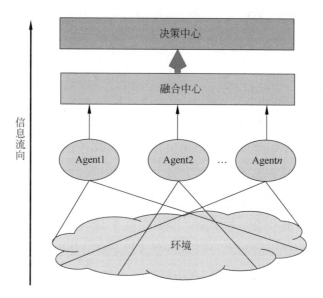

图 5-2　免疫智能体交互网络协同化信息融合模型

5.3　多层次目标跟踪原理

水下目标跟踪作为信息融合的重要应用之一，主要是指利用水声传感器获得水下运动目标的测量信息，对目标运动状态进行定位与跟踪。其中，滤波和预测是水下目标跟踪的两个基本特征，也是获取当前和预测未来时刻目标运动参数（位置、速度、加速度）的重要手段和方法[14]。本节在分析水下目标跟踪理论的基础上对被动纯方位目标跟踪原理进行概述，并提出免疫智能体交互网络信息融合框架下的目标跟踪模型与滤波方法。

5.3.1　理论概述

水下目标跟踪按照传感器工作方式可分为主动和被动两种[15-16]。主动探测方式利用传感器主动发出探测信号获取目标运动参数。但是这种方式由于自身向外界辐射水声信号,容易被敌方探测设备获取,隐蔽性弱。被动探测方式仅仅通过对目标辐射噪声进行被动接收,获取目标运动参数。由于其具有隐蔽性和抗干扰性,是目前水下目标隐蔽探测与跟踪的最佳方式,对于提高 UUV 探测性能和生存能力有重要作用。

其中,纯方位目标跟踪(bearing-only tracking,BOT)[17-19]是在被动探测的情况下,仅利用目标的方位信息估计目标运动参数,为态势评估和威胁估计提供决策支持,对于具有隐蔽性的微小型 UUV 来说极其重要。但由于观测量少导致目标跟踪精度较低,所以通过多 UUV 协同化实现水下目标跟踪是目前研究的重点,这也正好吻合了微小型 UUV 集群在空间、时间、功能和资源上的分布性,可实现在大范围空间内获取高精度的水下运动目标信息。

在免疫智能体交互网络的集群协同建模过程中,将每个个体抽象为一个携带感知与探测能力的 Agent 观测站,利用多个个体协同实现对目标的方位测量,依据目标与个体之间的空间几何关系,并通过数据融合实现对目标的定位与跟踪。

5.3.2 跟踪原理

在免疫智能体交互网络信息融合模型的基础上,设计多层次的水下目标跟踪框架,如图 5-3 所示,具体分析如下:

第一层,利用最小二乘法(least square method,LSM)实现多观测站对目标的信息融合与预处理,并计算其估计状态值作为第二层模糊自适应交互式多模型的输入值;

第二层,设计模糊自适应交互式多模型(fuzzy adaptive interacting multiple model,FAIMM),优化设计运动模型集,给出模糊自适应的模型转移概率调整方法;

第三层,利用重采样的粒子滤波(particle filter,PF)作为 FAIMM 每一步迭代滤波结构实现信息的更新与综合。

5 交互网络框架下的信息融合研究

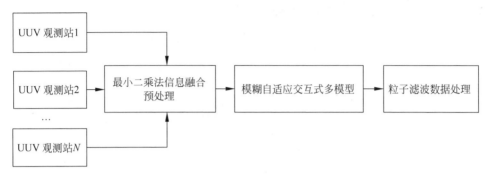

图 5-3 多层次的水下目标跟踪框架

5.4 纯方位信息融合预处理

5.4.1 非线性模型

微小型 UUV 被看作水下被动观测站对目标进行方位观测,包括方位角 β 和俯仰角 α,其中方位角表征目标水平方向的位置信息,俯仰角表征目标垂直方向的位置信息。为了清晰地表示个体与目标的位置关系,将两者抽象为三维空间的质点,相对位置关系如图 5-4 所示。

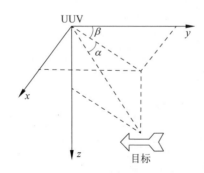

图 5-4 微小型 UUV 与目标的相对位置关系

目标跟踪模型采用离散型非线性的状态与观测方程：

$$\begin{cases} \boldsymbol{X}(k+1) = \boldsymbol{F}(k)\boldsymbol{X}(k) + \boldsymbol{G}(k)\boldsymbol{W}(k) \\ \boldsymbol{Z}(k) = \boldsymbol{H}(k)\boldsymbol{X}(k) + \boldsymbol{V}(k) \end{cases} \quad (5\text{-}1)$$

其中，$\boldsymbol{X}(k) = [x_k, y_k, z_k, v_k, v_k, v_k]^\mathrm{T}$ 表示 k 时刻目标状态，包括位置和速度信息，$\boldsymbol{F}(k)$ 表示状态转移矩阵，$\boldsymbol{G}(k)$ 表示系统输入噪声矩阵，$\boldsymbol{W}(k)$ 表示过程噪声，$\boldsymbol{Z}(k)$ 表示观测状态，$\boldsymbol{H}(k)$ 表示观测矩阵，$\boldsymbol{V}(k)$ 表示观测噪声。

在图 5-4 的直角坐标系下，$\boldsymbol{Z}(k)$ 表示观测状态，主要包括方位角 $\beta(k)$ 和俯仰角 $\alpha(k)$，其定义为

$$\begin{bmatrix} \beta(k) \\ \alpha(k) \end{bmatrix} = \begin{bmatrix} \tan^{-1}(x(k)/y(k)) \\ \tan^{-1}(z(k)/\sqrt{x(k)^2 + y(k)^2}) \end{bmatrix} \quad (5\text{-}2)$$

水下目标运动一般具有速度慢、机动性弱等特点，受海流、涌浪等影响较大，因此常常假设目标运动深度不变，除非强机动情况下，如潜艇下潜、规避鱼雷攻击等。为此，假设目标深度 $Z(k)$ 为常量，则方位角 $\beta(k)$ 和俯仰角 $\alpha(k)$ 转化为二维坐标空间下的观测方程为

$$\boldsymbol{Z}(k) = \begin{bmatrix} x(k) \\ y(k) \end{bmatrix} = \begin{bmatrix} \dfrac{z(k)}{\tan(\alpha(k))\sqrt{1+\tan^2(\beta(k))}} \\ \dfrac{z(k)\tan(\beta(k))}{\tan(\alpha(k))\sqrt{1+\tan^2(\beta(k))}} \end{bmatrix} + \boldsymbol{V}(k) \quad (5\text{-}3)$$

式中，$\beta(k)$ 和 $\alpha(k)$ 的测量误差是相互独立的零均值高斯白噪声，$\boldsymbol{V}(k) = [v_\beta(k), v_\alpha(k)]$，其方差矩阵 $\boldsymbol{R} = \mathrm{diag}[\lambda_\beta, \lambda_\alpha]$。

5.4.2 位置估计预处理

假设多个个体位于同一水平面内，建立它们与目标的相对位置关系如图 5-5 所示。

在图 5-5 中，UUV_k 坐标位置为 (x_k, y_k, z_k)，$k = 1, 2, \cdots, H$，(α_k, β_k) 表示对应 UUV_k 测量的俯仰角和方位角，目标位置为 $(x_\mathrm{T}, y_\mathrm{T}, z_\mathrm{T})$。由 UUV_k 测量

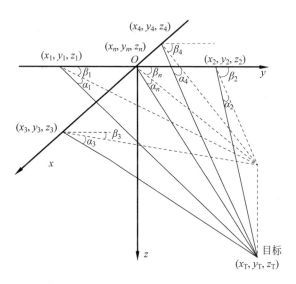

图 5-5　多个个体与目标的相对位置关系

目标的 (α_k, β_k) 可以确定唯一的一条空间定位线 L_k，在没有测量误差的情况下，多个 UUV 测量的多条空间定位线交汇于焦点，该点即表示目标位置。事实上，由于在水下目标的定位和测量过程中受到环境因素的影响，往往存在测量误差，造成多条空间定位线不能够汇聚成焦点[20]。此时，可利用 LSM 估计目标位置，距离所有水下空间定位线距离最小的点则认为是目标的估计位置 (x_T, y_T, z_T)，其基本原理如图 5-6 所示。

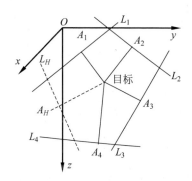

图 5-6　基于 LSM 的目标位置估计

假设 L_k 表示 UUV_k 依据 (α_k, β_k) 确定的空间定位线，A_k 表示估计目标 T 到 L_k 的垂足，则 L_k 的方程可表示为

$$(x-x_k)/l_k = (y-y_k)/m_k = (z-z_k)/n_k \tag{5-4}$$

$$l_k = \cos\alpha_k \sin\beta_k \tag{5-5}$$

$$m_k = \cos\alpha_k \cos\beta_k \tag{5-6}$$

$$n_k = \cos\alpha_k \tag{5-7}$$

式中，l_k，m_k，n_k 分别表示 L_k 的方向余弦。

根据空间定位线方程，获取目标 T 相对 n 条定位线距离的平方和 d，计算距离平方和对位置的偏导函数 $\partial d/\partial x_T = 0$，$\partial d/\partial y_T = 0$，$\partial d/\partial z_T = 0$，获得目标位置的 LSM 估计值为

$$\begin{cases} \hat{x}_T = (EMN + FRS + TRG - GMS - TFN - R^2E)/D \\ \hat{y}_T = (LFN + TGS + ERG - S^2F - GRL - TEN)/D \\ \hat{z}_T = (LMG + TRE + TFS - SMS - RFN - T^2G)/D \end{cases} \tag{5-8}$$

其中：

$$D = LMN + 2TRS - S^2M - R^2L - T^2N \tag{5-9}$$

$$\begin{cases} R = -\sum_{i=1}^{n} m_i n_i \\ S = -\sum_{i=1}^{n} l_i n_i \\ T = -\sum_{i=1}^{n} m_i l_i \end{cases} \tag{5-10}$$

$$\begin{cases} L = \sum_{i=1}^{n} (m_i^2 + n_i^2) \\ M = \sum_{i=1}^{n} (n_i^2 + l_i^2) \\ N = \sum_{i=1}^{n} (l_i^2 + m_i^2) \end{cases} \tag{5-11}$$

$$\begin{cases} G = \sum_{i=1}^{n} [(m_i^2 + l_i^2)z_i - n_i l_i x_i - m_i n_i y_i] \\ E = \sum_{i=1}^{n} [(m_i^2 + n_i^2)x_i - m_i l_i y_i - l_i n_i z_i] \\ F = \sum_{i=1}^{n} [(l_i^2 + n_i^2)y_i - m_i l_i x_i - m_i n_i z_i] \end{cases} \tag{5-12}$$

估计误差的方差为

$$\begin{cases} \sigma_{x_T}^2 = (M_1 N_1 - R_1^2)/D_1 \\ \sigma_{y_T}^2 = (L_1 N_1 - S_1^2)/D_1 \\ \sigma_{z_T}^2 = (L_1 M_1 - T_1^2)/D_1 \end{cases} \tag{5-13}$$

$$D_1 = L_1 M_1 N_1 + 2 T_1 R_1 S_1 - S_1^2 M_1 - R_1^2 L_1 - T_1^2 N_1 \tag{5-14}$$

$$\begin{cases} R_1 = -\sum_{k=1}^{n} \dfrac{m_k n_k}{\sigma_{dk}^2} \\ S_1 = -\sum_{k=1}^{n} \dfrac{l_k n_k}{\sigma_{dk}^2} \\ T_1 = -\sum_{k=1}^{n} \dfrac{m_k l_k}{\sigma_{dk}^2} \end{cases} \tag{5-15}$$

$$\begin{cases} L_1 = \sum_{k=1}^{n} \dfrac{m_k^2 + n_k^2}{\sigma_{dk}^2} \\ M_1 = \sum_{k=1}^{n} \dfrac{n_k^2 + l_k^2}{\sigma_{dk}^2} \\ N_1 = \sum_{k=1}^{n} \dfrac{l_k^2 + m_k^2}{\sigma_{dk}^2} \end{cases} \tag{5-16}$$

$$\sigma_{dk} = h_k \cdot \sigma_k \tag{5-17}$$

$$h_k = (x_T - x_k)/l_k \tag{5-18}$$

σ_{dk}^2 表示第 k 条定位线的距离标准差，σ_k 表示定位线的角度测量误差。

5.5 目标跟踪算法设计

由于海水介质的特点及声波、杂波等非线性因素，导致水下目标跟踪问题通常不能满足线性和高斯假设的条件[21]，造成目标的状态值 $X(k)$ 和估计值 $Z(k)$ 之间存在非线性关系。在这种非线性建模过程中目标运动模型和滤波算法是需要重点考虑的两个关键问题[22]。合理的运动模型选取不仅需符合实际目标运动过程，而且有利于准确的定位和跟踪估计；滤波算法是对当前和未来时刻目标运动的估计和预测,其有效设计对于提高目标跟踪精度同样重要。

交互式多模型(interacting multiple model,IMM)以固定转移概率的马尔可夫过程描述运动模型之间的切换,并通过卡尔曼滤波信息的加权综合实现目标状态的估计,可以较好地解决单机动目标定位与跟踪问题[23-24]。该模型作为目前研究目标跟踪最有效的方法之一已成功应用于无人艇、无人机、无人车等机动目标的定位与跟踪[25-27]。但是在 IMM 滤波器设计过程中,各个运动模型匹配使用的滤波器往往都是基于卡尔曼滤波理论,如卡尔曼滤波(Kalman filter,KF)、扩展卡尔曼滤波(extended Kalman filter,EKF)和无迹卡尔曼滤波(unscented Kalman filter,UFK)及其改进和组合的滤波算法。这些建立在卡尔曼滤波理论之上的方法[28],只适合系统噪声和观测噪声均近似为高斯分布的情况,当系统高度非线性或非高斯时,容易导致滤波发散。然而,粒子滤波采用贝叶斯估计原理以状态空间中的样本来近似后验概率密度函数,其状态方程和观测方程没有非线性、非高斯的假设,已成为非线性系统状态估计研究的重点。

为了适应免疫智能体交互网络的信息融合,在多层次框架中将第二层和第三层进行紧耦合设计,提出模糊自适应粒子滤波交互式多模型算法实现水下目标的跟踪。

5.5.1 交互式多模型

IMM 作为一种具有马尔可夫切换系数的交互式多模型,建立在广义伪贝叶斯算法的基础上,通过设计运动模型集合来匹配目标的不同运动状态,模型间通过模型转移概率实现切换,并利用滤波器并行工作实现估计状态的组合与交互,基本原理如图 5-7 所示。

从图 5-7 中不难看出,IMM 是一个递推迭代循环的模型,每一个递推迭代过程包括四个步骤。

(1) 输入交互:假设有限模型集合 $M=\{M_1,M_2,\cdots,M_r\}$,p_{ij} 表示模型

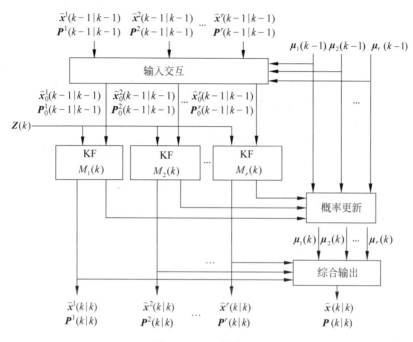

图 5-7 IMM 基本原理

M_i 转移到 M_j 的转移概率,$\mu_i(k)$ 表示 k 时刻模型 M_i 的概率,$i,j=1,2,\cdots,r$,则 $k-1$ 时刻混合概率 μ_{ij} 为

$$\mu_{ij}(k-1 \mid k-1) = \frac{1}{c_j} p_{ij} \mu_i(k-1) \tag{5-19}$$

$$c_j = \sum_{i=1}^{r} p_{ij} \mu_i(k-1) \tag{5-20}$$

$$\boldsymbol{p}_{ij} = p\{M_j(k) \mid M_i(k-1)\} = \begin{bmatrix} p_{11} & p_{12} & \cdots & p_{1j} \\ p_{21} & p_{22} & \cdots & p_{2j} \\ \vdots & \vdots & & \vdots \\ p_{i1} & p_{i2} & \cdots & p_{ij} \end{bmatrix} \tag{5-21}$$

假设 $\hat{x}^i(k-1|k-1)$ 和 $\boldsymbol{p}^i(k-1|k-1)$ 分别表示 $k-1$ 时刻滤波器 i 的状态估计与协方差,则两者的混合估计分别为

$$\hat{\boldsymbol{x}}_0^j(k-1 \mid k-1) = \sum_{i=1}^{r} \hat{\boldsymbol{x}}^i(k-1 \mid k-1) \boldsymbol{\mu}_{ij}(k-1 \mid k-1) \tag{5-22}$$

$$\boldsymbol{p}_0^j(k-1\mid k-1) = \sum_{i=1}^{r} \boldsymbol{\mu}_{ij}(k-1)\{\boldsymbol{p}^i(k-1\mid k-1) +$$
$$[\hat{\boldsymbol{x}}^i(k-1\mid k-1) - \hat{\boldsymbol{x}}_0^i(k-1\mid k-1)] \times$$
$$[\hat{\boldsymbol{x}}^i(k-1\mid k-1) - \hat{\boldsymbol{x}}_0^i(k-1\mid k-1)]^{\mathrm{T}}\} \quad (5\text{-}23)$$

(2) 条件滤波: $\hat{\boldsymbol{x}}_0^j(k-1\mid k-1)$ 和 $\boldsymbol{p}_0^j(k-1\mid k-1)$ 作为 k 时刻第 j 个模型的输入,利用卡尔曼滤波器进行条件滤波,滤波输出为 $\hat{\boldsymbol{x}}^j(k\mid k)$ 和 $\boldsymbol{p}^j(k\mid k)$。

(3) 概率更新: 假设计算模型 j 有滤波信息 $\boldsymbol{v}_j(k)$ 和对应的协方差 $\boldsymbol{S}_j(k)$,则模型 j 的似然函数 $\boldsymbol{\Lambda}_j(k)$ 为

$$\boldsymbol{\Lambda}_j(k) = \frac{1}{\sqrt{2\pi\mid \boldsymbol{S}_j(k)\mid}} \exp\left(-\frac{1}{2}\boldsymbol{v}_j^{\mathrm{T}}(k)\boldsymbol{S}_j^{-1}(k)\boldsymbol{v}_j(k)\right) \quad (5\text{-}24)$$

$$\boldsymbol{v}_j(k) = \boldsymbol{z}(k) - \hat{\boldsymbol{z}}_j(k-1\mid k) \quad (5\text{-}25)$$

进一步,模型概率更新计算为

$$\boldsymbol{\mu}_j(k) = \frac{1}{c}\boldsymbol{\Lambda}_j(k)c_j \quad (5\text{-}26)$$

$$c = \sum_{j=1}^{r} \boldsymbol{\Lambda}_j(k)c_j \quad (5\text{-}27)$$

(4) 综合输出: k 时刻的总体估计和协方差分别为

$$\hat{\boldsymbol{x}}(k\mid k) = \sum_{j=1}^{r} \hat{\boldsymbol{x}}^j(k\mid k)\boldsymbol{\mu}_j(k) \quad (5\text{-}28)$$

$$\boldsymbol{p}(k\mid k) = \sum_{j=1}^{r} \boldsymbol{u}_j(k)\{\boldsymbol{p}^j(k\mid k) + [\hat{\boldsymbol{x}}^j(k\mid k) - \hat{\boldsymbol{x}}(k\mid k)] \times$$
$$[\hat{\boldsymbol{x}}^j(k\mid k) - \hat{\boldsymbol{x}}(k\mid k)]^{\mathrm{T}}\} \quad (5\text{-}29)$$

在递推迭代过程中,IMM 利用固定模型集映射目标的实际运动过程,并以马尔可夫转换概率引导模型切换,经过滤波器并行处理实现对目标的状态估计,具有计算量小、滤波并行的特点,且具有变结构的自适应能力。不难看出,在 IMM 递推迭代过程中有三个非常重要的因素——运动模型集合、模型转移概率和滤波器设计,它们可对状态的最终估计产生影响,为此本节针对这三个重要因素进行进一步深入研究。

5.5.2 模型集合优化

IMM 模型应用于目标跟踪时,为了获得高精度的跟踪效果,往往需构建一个尽可能覆盖目标运动特征的运动模型集合(motion mode set,MMS)。然而,随着 MMS 中模型数量的增加计算载荷也不断增加,而且多个模型形成的细粒度特征空间会导致贝叶斯推理的完备性和独立性被破坏,引起多模型之间的无序竞争,进一步造成算法精度和性能下降。因此,在 MMS 中如何优化选取合适数量和类型的运动模型将直接影响 IMM 算法输出的跟踪精度。

在研究水下目标跟踪的过程中,国内外学者常用的目标运动模型有以下五种:匀速(CV)模型、匀加速(CA)模型、辛格(SG)模型和当前统计(CS)模型和协同转弯(CT)模型。下面从模型运动学角度对这五种模型进行分析,给出选择与优化 MMS 的详细过程。

CV 模型用于跟踪匀速运动目标,其一维和二维状态转移矩阵分别为

$$\boldsymbol{\Phi}_{\mathrm{CV}}^{1} = \begin{bmatrix} 1 & 0 \\ T & 1 \end{bmatrix} \tag{5-30}$$

$$\boldsymbol{\Phi}_{\mathrm{CV}}^{2} = \begin{bmatrix} 1 & 0 & 0 & 0 \\ 0 & 1 & 0 & 0 \\ T & 0 & 1 & 0 \\ 0 & T & 0 & 1 \end{bmatrix} \tag{5-31}$$

式中,T 是采样时间。

CA 模型用于跟踪匀加速直线运动目标,其状态转移矩阵为

$$\boldsymbol{\Phi}_{\mathrm{CA}} = \begin{bmatrix} 1 & T & T^2/2 \\ 0 & 1 & T \\ 0 & 0 & 1 \end{bmatrix} \tag{5-32}$$

SG 模型将目标加速度描述成与时间相关的随机过程,其状态转移矩阵为

$$\boldsymbol{\Phi}_{SG} = \begin{bmatrix} 1 & T & (\alpha T - 1 + e^{-\alpha T})/\alpha^2 \\ 0 & 1 & (1 - e^{-\alpha T})/\alpha \\ 0 & 0 & -e^{-\alpha T} \end{bmatrix} \quad (5\text{-}33)$$

式中,$1/\alpha$ 是一个与机动时间有关的常量,若 $\alpha \to \infty$,则 $\lim\limits_{\alpha \to \infty}\boldsymbol{\Phi}_{SG} = \boldsymbol{\Phi}_{CA}$;若 $\alpha \to 0$,则 $\lim\limits_{\alpha \to 0}\boldsymbol{\Phi}_{SG} = \boldsymbol{\Phi}_{CV}$。可见,SG 模型可随着加速因子在 CV 和 CA 模型之间变化,即 CV 和 CA 模型为 SG 模型的极限形式。

CS 模型采用非零均值的修正瑞利分布来表征机动目标的加速度特征,其状态转移矩阵与 SG 模型的相同:

$$\boldsymbol{\Phi}_{CS} = \begin{bmatrix} 1 & T & (\alpha T - 1 + e^{-\alpha T})/\alpha^2 \\ 0 & 1 & (1 - e^{-\alpha T})/\alpha \\ 0 & 0 & -e^{-\alpha T} \end{bmatrix} \quad (5\text{-}34)$$

CT 模型用于跟踪机动目标的转弯过程,其状态转移矩阵分别为

$$\boldsymbol{\Phi}_{CT} = \begin{bmatrix} \cos(wT) & \sin(wT) & 0 & 0 \\ -\sin(wT) & \cos(wT) & 0 & 0 \\ \sin(wT)/w & (1-\cos(wT))/w & 1 & 0 \\ -(1-\cos(wT))/w & \sin(wT)/w & 0 & 1 \end{bmatrix} \quad (5\text{-}35)$$

式中,w 为转角角速度,若 $w \to 0$,根据式(5-31)和式(5-35),存在 $\lim\limits_{w \to 0}\boldsymbol{\Phi}_{CT} = \boldsymbol{\Phi}_{CV}$,即 CT 模型退化为 CV 模型,可见 CT 模型与 CV 模型具有高度的耦合性。

由式(5-30)~式(5-35)综合可知,以上五个模型之间具有结构相似性,根据运动学模型建立不等式关系:

$$\boldsymbol{\Phi}_{CV} < \boldsymbol{\Phi}_{SG} = \boldsymbol{\Phi}_{CS} \leqslant \boldsymbol{\Phi}_{CA} < \boldsymbol{\Phi}_{CT} \quad (5\text{-}36)$$

根据式(5-36)蕴含意义可知,CT 模型中虽然转弯方向不知,但是转弯角速度 w 决定的最大值一般情况下可知,此时 SG、CS 和 CA 模型可以根据 CV 与 CT 模型的权重之和协调获得[29-30]。因此,本节 MMS 采用一个 CV 模型和两个 CT 模型共三个模型即可满足水下目标跟踪的需要。通过以上优选与分析,不仅可以减少 MMS 中模型数量和所占用的计算资源,还能确保 IMM 的跟踪效果。

5.5.3 模型转移概率自适应调整

基于马尔可夫的模型转移概率(mode transition probability, MTP)作为 IMM 模型目标跟踪的另一关键因素,直接影响模型误差及模型概率估计的准确性,因此合理地设计状态转移矩阵显得尤为重要[31-34]。一般情况下,IMM 模型之间的转移概率在跟踪目标时进行固定方式设置。但是,这种固定方式设置的 MTP 存在无用模型对有用模型的竞争,降低了跟踪精确度。为此,采用基于模糊理论设计时变 MTP 自适应调整模型概率,在 MMS 确定的情况下降低无用模型对目标跟踪精度的影响。

具体在 IMM 标准模型的概率更新中,以模型概率 $\mu_j(k)$ 作为评价每个模型获取滤波信息 $v_j(k)$ 和对应的协方差 $S_j(k)$ 的评价指标。因此,时变模型转移概率的主要设计思想是将 $\mu_j(k)$ 作为模糊推理的输入,通过模糊规则推理自动调整 MTP[35-36]。

在水下目标跟踪的过程中,目标往往以低速进行连续机动,一般情况下不可能像地面运动体和空间无人机等出现高机动突变的运动模式,因此采用缓慢变化的高斯分布函数作为隶属函数,具体定义为

$$f_{A_i}(\mu_i(k-1)) = \frac{1}{\sigma_i^n \sqrt{2\pi}} \exp\left[-\frac{1}{2}\left(\frac{\mu_i(k-1)-c_i^n}{\sigma_i^n}\right)^2\right] \quad (5-37)$$

式中,$\mu_i(k-1)$ 表示第 i 个运动模型概率,c_i^n 和 σ_i^n 分别表示第 i 个隶属函数的中心和宽度,$n=0,1,2,\cdots,r$,表示模糊规则个数,A_i 表示输入变量的模糊术语,主要分为负大(recessive big,RB)、负中(recessive medium,RM)、零(zero,ZO)、正中(dominant medium,DM)和正大(dominant big,DB),其分布如图 5-8 所示。

在式(5-26)中,模型概率归一化后其和为 1,因此可以直接采用模型概率作为输入。其中,RB 和 DB 中心隶属函数分别设定为 $c_{RB}^n=0$ 和 $c_{DB}^n=1$;ZO 中心隶属函数设定为 $c_{ZO}^n=1/r$;DM 中心隶属函数则主要根据式(5-37)进行设定,

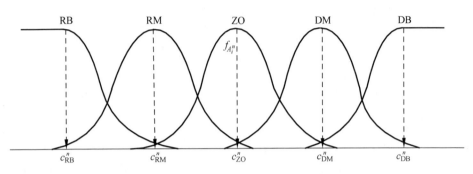

图 5-8 高斯分布的隶属函数

如果模型之间相似度高,则 c_{DM}^n 接近 c_{ZO}^n,如果模型之间相似度低,则 c_{DM}^n 远离 c_{ZO}^n;RM 中心隶属函数则设定为 $c_{RM}=(1-c_{DM})/(r-1)$。为了计算方便,RB、RM、ZO、DM 和 DB 的宽度设置相同 $\sigma_i^n = \sigma$。

模糊规则推理计算形式如下:

$$R^n: \text{If } \mu_1 \text{ is } A1 \text{ and } \mu_2 \text{ is } A2 \text{ and}\cdots\text{and } \mu_r \text{ is } Ar \text{ and then } \boldsymbol{p}_{ij} = \boldsymbol{p}_{ij}^n \tag{5-38}$$

式中,R^n 表示第 n 个模糊规则,$\boldsymbol{p}_{ij}^n$ 表示第 n 个模糊规则对应的 MTP 矩阵,其计算:

$$\boldsymbol{p}_{ij}^n = \begin{bmatrix} p_1 & p_2 & \cdots & p_j \\ p_1 & p_2 & \cdots & p_j \\ \vdots & \vdots & & \vdots \\ p_1 & p_2 & \cdots & p_j \end{bmatrix} \tag{5-39}$$

$$p_j = \begin{cases} 1/r, & n=0 \\ p_{\max}, & n \neq 0, j=n \\ (1-p_{\max})/r, & n \neq 0, j \neq n \end{cases} \tag{5-40}$$

建立的 MMS 对应的模糊规则如下:

R^0: If μ_1 is ZO and μ_2 is ZO and μ_3 is ZO, then $\boldsymbol{p}_{ij} = \boldsymbol{p}_{ij}^0$

R^1: If μ_1 is bigger than DM and μ_2 is smaller than RM and μ_3 is RM, then $\boldsymbol{p}_{ij} = \boldsymbol{p}_{ij}^1$

R^2: If μ_2 is bigger than DM and μ_1 is smaller than RM and μ_3 is RM, then $\boldsymbol{p}_{ij} = \boldsymbol{p}_{ij}^2$

R^3: If μ_3 is bigger than DM and μ_1 is smaller than RM and μ_2 is RM, then $\boldsymbol{p}_{ij} = \boldsymbol{p}_{ij}^3$

(5-41)

进一步，对应模糊规则的解模糊计算为

$$h_n = \prod_{i=1}^{r} f_{A_i^n}(\mu_i(k-1)) \qquad (5\text{-}42)$$

$$\boldsymbol{p}_{ij}(k) = \sum_{n=1}^{r} h_n \boldsymbol{p}_{ij}^n / \sum_{n=1}^{r} h_n \qquad (5\text{-}43)$$

式中，$\boldsymbol{p}_{ij}(k)$表示所求解的时变 MTP，用其代替式(5-19)～式(5-21)中的模型转移概率进行 IMM 递推，可实现模型概率的自适应变化。

5.5.4　粒子滤波器设计

粒子滤波是建立在蒙特卡罗方法和贝叶斯估计基础上的非线性滤波方法，其核心思想是在状态空间的传播过程中寻找一组随机样本对后验概率密度函数进行逼近，每一个随机样本称为"粒子"，并且为其分配一个权值，通过随机样本均值近似代替积分运算，继而获得状态最小方差估计。

假设状态的初始概率密度函数为 $p(X_0|Z_0) = p(X_0)$，则状态预测和更新方程分别为

$$p(X_k | Z_{k-1}) = \int p(X_k | X_{k-1}) p(X_{k-1} | Z_{k-1}) \mathrm{d}X_{k-1} \qquad (5\text{-}44)$$

$$p(X_k | Z_k) = \frac{p(Z_k | X_k) p(X_k | Z_{k-1})}{p(Z_k | Z_{k-1})} \qquad (5\text{-}45)$$

$$p(Z_k | Z_{k-1}) = \int p(Z_k | X_k) p(X_k | Z_{k-1}) \mathrm{d}X_k \qquad (5\text{-}46)$$

式(5-45)中，一般情况下由于 $p(X_k|Z_k)$ 存在积分运算，很难直接从后验概率采样。因此，采用序贯重要性采样思想，借助蒙特卡罗方法将积分转变为对样本粒子进行求和运算，以此实现近似逼近。具体计算步骤如下：

(1) 初始化：$\{X_0^i\}_{i=1}^M$ 表示粒子集，$\{W_0^i\}_{i=1}^M$ 为对应的权重集，且 $\sum_{i=1}^M W_0^i = 1$，M 表示粒子个数，设定时间为 K。

(2) 采样：根据重要性采样函数 $f(X_k|X_{0:k-1}, Z_k)$（为了计算方便重要性采样函数一般选择状态转移概率密度函数）实现对粒子采样 $\{X_k^i, W_k^i\}_{i=1}^M$。

(3) 权重更新：权重更新和归一化公式为

$$W_k^i \propto W_{k-1}^i \frac{p(Z_k \mid X_k^i) p(X_k^i \mid X_{k-1}^i)}{f(X_k^i \mid X_{0:k-1}^i Z_k)} \tag{5-47}$$

$$\widetilde{W}_k^i = W_k^i / \sum_{i=1}^M W_k^i \tag{5-48}$$

此时，后验概率密度函数可表示为

$$\hat{p}(X_k \mid Z_k) = \frac{1}{M} \sum_{i=1}^M \delta(X_k - X_k^i) \tag{5-49}$$

式中，δ 为狄拉克函数。

(4) 重采样：序贯重要性采样往往会引起粒子退化现象，这是因为粒子更新后其重要性权重的方差随时间增大，导致权重集中在极少数粒子，造成空间粒子多样性不均衡。为解决这个问题往往需采用重采样技术，包括多项式重采样、分层重采样、系统重采样和残差重采样等方法。这些方法的核心思想是在粒子权重更新之后，对粒子集合进行重新采样，获得一个大部分粒子权重相当的新粒子集。本节采用残差重采样，通过复制权重较大的粒子、舍弃权重较小的粒子来抑制粒子退化现象。根据粒子集和权重集 $\{X_k^i, \widetilde{W}_k^i\}_{i=1}^M$ 获得重采样粒子集 $\{\widetilde{X}_k^i\}_{i=1}^M$ 及其权重集 $\{\widetilde{W}_k^i\}_{i=1}^M$，则后验概率密度函数为

$$\hat{p}(X_k \mid Z_k) = \frac{1}{M} \sum_{i=1}^M \delta(X_k - \widetilde{X}_k^i) \tag{5-50}$$

(5) 状态输出：

$$X = \sum_{i=1}^M W_k^i X_k^i \tag{5-51}$$

5.6 组合算法与实例应用

5.6.1 算法步骤

(1) 初始化：运动模型集合 MMS、模型转移概率 MTP、粒子个数 M、采样周期 T。

(2) 信息融合：利用式(5-4)~式(5-18)对测量方程(5-3)的信息进行初步融合，获取估计状态与估计误差。

(3) 目标跟踪的估计与预测，具体细分为：

(a) 利用式(5-19)~式(5-23)进行输入交互，计算状态与协方差的混合估计；

(b) 利用式(5-44)~式(5-51)进行条件滤波，计算滤波估计状态与协方差；

(c) 利用式(5-24)~式(5-27)进行模型概率更新；

(d) 利用式(5-37)~式(5-43)进行模型转移概率 MTP 的自适应推理。

(4) 利用式(5-28)和式(5-29)进行状态估计输出。

(5) 根据步骤(1)~步骤(3)进行目标跟踪轨迹的绘制与分析。具体组合算法框架如图 5-9 所示。

5.6.2 仿真实例

假设 10 个微小个体随机分布在 4000m×6000m 水下平面空间，如图 5-10 所示，对入侵目标进行跟踪。UUV 与目标固定航深，则水下三维空间退化为 X-Y 二维空间，目标状态向量为 $\boldsymbol{X}(k)=[x_k,y_k,v_x,v_y]^T$，$x_k$ 与 y_k 分别表示 X 轴与 Y 轴位置，v_x 与 v_y 分别表示 X 轴与 Y 轴速度，起始状态 $\boldsymbol{X}(0|0)=[4000\ \ 5500\ \ 3\ \ 3]^T$，航深 $z_k=-80\text{m}$，航向 135°，测量噪声方差 $\boldsymbol{R}=\text{diag}[\lambda_\beta,\lambda_\alpha]=\text{diag}[0.2,0.2]$。其中目标在时间 1~100s、120~130s 和 140~200s 以

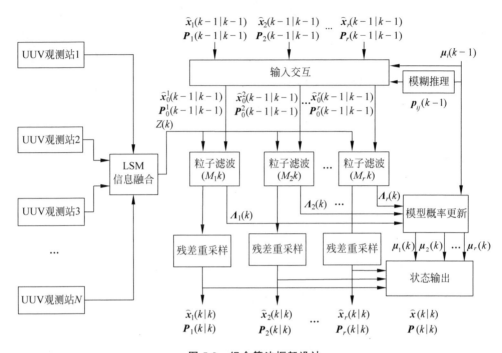

图 5-9 组合算法框架设计

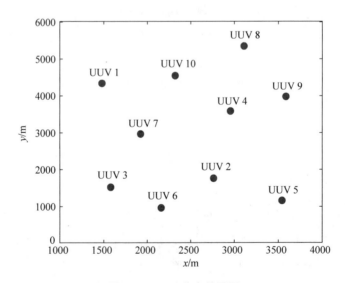

图 5-10 UUV 分布效果图

4.3m/s 的速度做匀速直线运动,在时间 100～120s 和 130～140s 内分别以 1.62(°/s)和 −1.62(°/s)进行转弯运动。

运动模型集合 MMS 由一个 CV 模型和两个 CT 模型组成，$r=3$，对应 3 个粒子滤波(PF)器。粒子数量 $M=800$，采样周期 $T=2\mathrm{s}$，模型初始概率 $p_{ij}(0)=0.33$，$p_{\max}=0.98$；模糊推理参数 $c_{\mathrm{DM}}=0.66$，$\sigma=0.33$。

为了验证该算法的有效性，使用蒙特卡罗方法进行 300 次统计实验，与 LSM-IMM-EKF 方法在相同设定条件下进行均方根误差(root mean square error，RMSE)和平均仿真时间(GPU 计算时间)的定量化分析。仿真结果如图 5-11～图 5-16 所示，对比结果如表 5-1 所示。

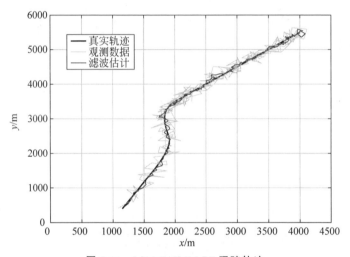

图 5-11　LSM-FAIMM-PF 跟踪轨迹

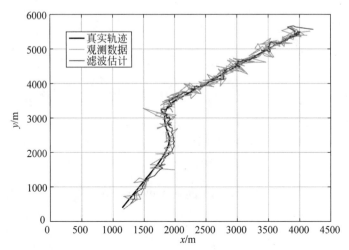

图 5-12　LSM-IMM-EKF 跟踪轨迹

彩图 5-13

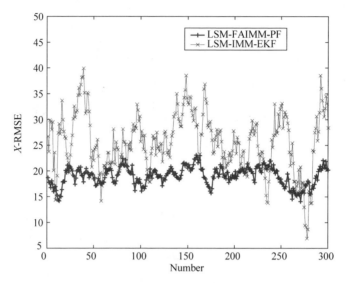

图 5-13　X 轴方向位置 RMSE 分析

彩图 5-14

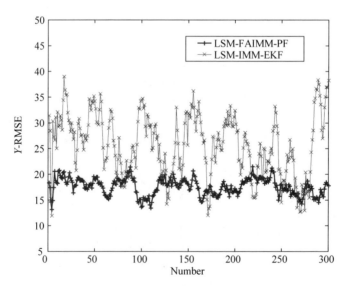

图 5-14　Y 轴方向位置 RMSE 分析

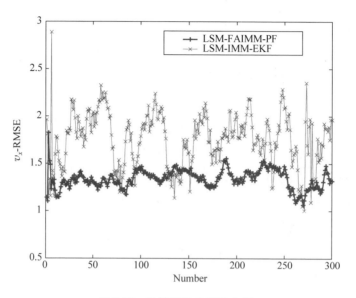

图 5-15　X 轴速度 RMSE 分析

彩图 5-15

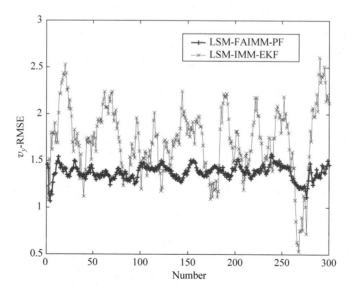

图 5-16　Y 轴速度 RMSE 分析

彩图 5-16

表 5-1　蒙特卡罗统计分析结果

算法	Position-X	Position-Y	Velocity-X	Velocity-Y	Simulation time/s
LSM-IMM-EKF	25.29	26.82	1.99	2.13	2.3286
LSM-FAIMM-PF	17.45	16.71	1.26	1.32	4.5329

从图 5-11 和图 5-12 的对比可以看出，在最初的匀速阶段，LSM-FAIMM-PF 与 LSM-IMM-EKF 两种方法都能实现对目标的有效跟踪，但是在机动转弯过程中 LSM-FAIMM-PF 可以跟踪机动过程，而 LSM-IMM-EKF 方法会产生较大的响应延迟，并随着时间增长产生更大的误差，甚至有丢失目标的可能。LSM-FAIMM-PF 之所以能够实现对目标运动过程的有效跟踪，得益于有效且最少的运动模型集合 MMS，并且能够自适应调节 MTP，实现了与目标运动过程的匹配，减少了目标模型之间的竞争。此外重采样滤波器的 PF 设计相比 EKF 精度更有保障。

表 5-1 中，在相同实验条件下，相对于 LSM-IMM-EKF，LSM-FAIMM-PF 在 X 轴和 Y 轴方向位置与速度分别降低了 31.00%、37.70%、36.68% 和 38.03%。但是仿真消耗时间，LSM-FAIMM-PF 接近 LSM-IMM-EKF 的两倍，主要是由于模糊推理与粒子滤波计算过程比较复杂。总的来说，LSM-FAIMM-PF 虽然损失了计算时间但在跟踪过程中保障了跟踪精度。

5.7　小结

本章对免疫智能体交互网络框架下集群协同过程中的信息融合与目标跟踪基础模型进行了研究。从个体空间、时间、功能和资源上具有分布性的角度，论证了群体协同完成信息融合功能的可行性，给出了基于数据层融合结构的免疫智能体交互网络信息融合模型；设计了多层次的水下目标跟踪框架及组合算法，利用最小二乘法实现了对目标纯方位信息的估计和预测，进一步设计了模糊自适应粒子滤波交互式多模型跟踪算法；在 FAIMM-PF 中，采用了贝叶斯推理的交互式多模型粒子滤波框架,在优化选取 MMS 的基础上提出了模糊自适应的时变 MTP 模型,实现了运动模型与概率估计的匹配与优化。最后,与其他典型算法进行对比分析,验证了所提方法在跟踪精度方面的优势。

参考文献

[1] BRACA P,GOLDHAHN R,FERRI G,et al. Distributed information fusion in multistatic sensor networks for underwater surveillance[J]. IEEE Sensors Journal,2016,16(11):4003-4014.

[2] 刘树东,梁婷蓉,王燕,等. 基于多模态信息融合的水下移动目标定位[J]. 导航定位学报,2022,10(3):14-24.

[3] ZHAO W,ZHAO S,LIU G,et al. Range-only single beacon based multisensor fusion positioning for AUV[J]. IEEE Sensors Journal,2023,23(19):23399-23409.

[4] 刘本. 基于信息融合的深海水下机器人组合导航方法研究[D]. 北京:中国科学院大学,2016.

[5] RODRÍGUEZ S D P,JUAN F,VILLARRUBIA G,et al. Multi-agent information fusion system to manage data from a WSN in a residential home[J]. Information Fusion,2015,23:43-57.

[6] PAVLIN G,PATRICK O D,MARIS M,et al. A multi-agent systems approach to distributed Bayesian information fusion[J]. Information Fusion,2010,11(3):267-282.

[7] LIANG H T,KANG F J. Tracking UUV based on interacting multiple model unscented particle filter with multi-sensor information fusion[J]. OPTIK-International Journal for Light and Electron Optics,2015,126(24):5067-5073.

[8] CAO X,REN L,SUN C. Dynamic target tracking control of autonomous underwater vehicle based on trajectory prediction[J]. IEEE Transactions on Cybernetics,2023,53(3):1968-1981.

[9] WANG B,LI S,BATTISTELLI G,et al. Multi-agent fusion with different limited fields-of-view[J]. IEEE Transactions on Signal Processing,2022,70:1560-1575.

[10] NICHOLSON D. Defence applications of agent-based information fusion[J]. The Computer Journal,2011,54(2):263-273.

[11] RUTA M,SCIOSCIA F,GRAMEGNA F,et al. A knowledge fusion approach for context awareness in vehicular networks[J]. IEEE Internet of Things Journal,2018,5(4):2407-2419.

[12] 梁洪涛. 面向免疫智能体交互网络的多 UUV 协同作业系统建模研究[D]. 西安:西北工业大学,2017.

[13] 范波,张雷. 多智能体机器人系统信息融合与协调[M]. 北京:科学出版社,2015.
[14] 党建武. 水下多目标跟踪理论[M]. 西安:西北工业大学出版社,2009.
[15] ER M J,GONG H,LIU Y,et al. Intelligent trajectory tracking and formation control of underactuated autonomous underwater vehicles:A critical review[J]. IEEE Transactions on Systems,Man,and Cybernetics:Systems,2024,54(1):543-555.
[16] TAGHAVI E,THARMARASA R,KIRUBARAJAN T,et al. Multisensor-multitarget bearing-only sensor registration[J]. IEEE Transactions on Aerospace and Electronic Systems,2016,52(4):1654-1666.
[17] 吴绪. 多被动声呐纯方位目标跟踪算法研究[D]. 哈尔滨:哈尔滨工程大学,2021.
[18] DAS S,BHAUMIK S. Observer recommended maneuver for bearing only tracking of an underwater target[J]. IEEE Sensors Letters,2023,7(11):1-4.
[19] 宋绪栋,蔚婧,李晓花,等. 基于纯方位角测量的水下目标被动跟踪技术[J]. 鱼雷技术,2012,20(5):353-358.
[20] 宋骊平,姬红兵. 多站测角的最小二乘交互多模型跟踪算法[J]. 西安电子科技大学学报(自然科学版),2008,35(2):242-247.
[21] 张林琳,杨日杰,杨春英. 水下机动目标跟踪技术研究[J]. 声学技术,2011,30(1):68-73.
[22] KHAN A,RINNER B,CAVALLARO A. Cooperative robots to observe moving targets:Review[J]. IEEE Transactions on Cybernetics,2018,48(1):187-198.
[23] BLOM H A,BAR-SHALOM Y. The interacting multiple model algorithm for systems with Markovian switching coefficients[J]. IEEE Transactions on Automatic Control,1988,33(8):780-783.
[24] 任培文. 基于交互多模型的目标跟踪方法研究[D]. 哈尔滨:哈尔滨工程大学,2020.
[25] HERNANDEZ M,FARINA A. PCRB and IMM for target tracking in the presence of specular multipath[J]. IEEE Transactions on Aerospace and Electronic Systems,2020,56(3):2437-2449.
[26] NADARAJAH N,THARMARASA R,MCDONALD M,et al. IMM forward filtering and backward smoothing for maneuvering target tracking[J]. IEEE Transactions on Aerospace and Electronic Systems,2012,48(3):2673-2678.
[27] 王海涛,王荣耀,王文皞,等. 目标跟踪综述[J]. 计算机测量与控制,2020,28(4):1-6,21.
[28] NA W,KUN P,YANG L. A Survey of Maneuvering Target Prediction via Interactive Multiple Model[C]//2022 34th Chinese Control and Decision Conference (CCDC),Hefei,China,2022,6069-6074.
[29] LIANG H T,KANG F J,WANG X D. Fuzzy adaptive algorithm for tracking underwater maneuvering target based on multiple passive sonar[J]. ICIC Express Letters,2014,8(8):2223-2230.
[30] TIAN Y W,LIU M Q,ZHANG S L,et al. A feature-aided multiple model algorithm for maneuvering target tracking[J]. IEEE/CAA Journal of Automatica Sinica,2024,11(2):566-568.
[31] ZHAO S,HUANG B,LIU F. Fault detection and diagnosis of multiple-model systems

with mismodeled transition probabilities[J]. IEEE Transactions on Industrial Electronics, 2015,62(8): 5063-5071.

[32] WANG S X. Distributionally robust state estimation for jump linear systems[J]. IEEE Transactions on Signal Processing,2023,71: 3835-3851.

[33] ZHANG B X, WEI Y, ÁNGEL F, et al. The trajectory motion model based TPHD and TCPHD filters for maneuvering targets[J]. Information Fusion,2023,104: 102187.

[34] LOPEZ R, DANÈS P. Low-complexity IMM smoothing for jump markov nonlinear systems[J]. IEEE Transactions on Aerospace and Electronic Systems, 2017, 53(3): 1261-1272.

[35] KIM H S, PARK J G, LEE D. Adaptive fuzzy IMM algorithm for uncertain target tracking [J]. International Journal of Control, Automation, and Systems,2009,7(6): 1001-1008.

[36] TURKMEN L. IMM fuzzy probabilistic data association algorithm for tracking maneuvering target[J]. Expert Systems with Applications,2008,34(2): 1243-1249.

6 面向免疫智能体交互网络的分布式仿真系统设计与应用

6.1 引言

分布交互仿真是解决复杂系统建模的有效工具[1-3],目前国内外基于MAS的主流仿真支撑平台有Swarm、Repast、MASON和NetLogo[4-8]。相对于前面三种仿真支撑平台而言,NetLogo采用了非常接近人类自然语言的高级编程语言LOGO,易于扩展与集成,能够快速、有效地构建仿真应用系统,已成为目前使用率最高的仿真平台[9]。因此,本章采用NetLogo仿真平台构建面向微小型UUV集群的分布式仿真系统,由NetLogo仿真平台子系统、中间件子系统、想定生成和服务管理子系统、仿真显示与绘制子系统和数据库子系统组成,以仿真功能模块的方式将各个子系统的属性和功能进行抽象和封装。

可视化仿真与分布交互仿真密不可分[10],其利用图形学编程语言实现仿真场景的实时渲染与绘制,获得逼真的三维视觉效果,其中三维可视化逼真度评估是仿真理论方法研究的工作之一[11-14]。目前,逼真度指标体系的构建还不够完善,而且已有评估方法缺乏对逼真度主观性和模糊性兼容问题的考虑[15-16]。为此,在仿真显示与绘制子系统的三维绘制功能模块设计中,构建了一套以定量指标为主、定性指标为辅的多级逼真度评估指标体系,并提出了基于突变理论与梯形模糊数的三维可视化逼真度评估方法,依据评估结果指导NetLogo仿真系统中三维显示功能模块的构建。

最后,利用所搭建的分布式仿真系统,以规避障碍和协同攻击为典型任务,从不同角度对免疫智能体交互网络建模理论方法的有效性进行验证和分析。

6.2 仿真系统的性能

面向免疫智能体交互网络的微小型 UUV 集群仿真建模过程中不仅要考虑环境、任务、实体等复杂模型,还要注重仿真系统、仿真运行及仿真分析等仿真要素的设计与分析。因此,分布式仿真系统必须具备以下性能。

(1) 可信度高。仿真系统需要在软件设计生命周期中建立可信度高的仿真对象,才能达到验证免疫智能体交互网络建模方法的目的和实现微小型 UUV 集群协同建模的目标。

(2) 逼真度高。仿真系统需要提供逼真度高的虚拟环境,并能实时绘制和渲染,通过三维可视化过程增强海洋环境沉浸感,达到检验免疫智能体交互网络建模方法的目的。

(3) 任务多样性。仿真系统需要满足不同角色、环境及任务条件下不同层次、不同规模的场景要求。

(4) 可扩展性。仿真系统需要具备较高的扩展能力和开放性,能够方便接入新的仿真模块或对已有仿真模块进行改进、重组,使得各种仿真应用具有灵活组合和软件代码可重用的特点。

(5) 实时性。仿真支撑平台需要满足实时性要求,减少仿真进程延迟对仿真结果的影响,保证仿真过程与结果的质量与精度。

6.3 分布式仿真系统

6.3.1 仿真平台概述

MAS 建模与仿真的主流平台有 Swarm、Repast、MASON 和 NetLogo,这

些平台已经广泛应用于各类复杂系统的研究中,推动了 MAS 理论的发展和创新。因此,有必要对仿真平台进行概述,以便选择实用性匹配的仿真平台。

(1) Swarm 是美国圣塔菲研究所开发的第一个结合框架和类库的仿真平台,可以快速帮助各个领域的研究人员构建基于 Agent 的模型和系统,主要分为基于 Object-C 类库和基于 Java 类库的仿真支撑环境。Swarm 设计的关键理念在于采用标准化的框架结构使模型与观测分离,实现微观与宏观建模的一体化。

(2) Repast 起源于美国芝加哥大学和阿贡国家实验室,借鉴了 Swarm 的设计理念,形成了一个"类 Swarm"软件架构,提供多个类库和功能模块,支持完全并行的连续、离散事件操作,适用于 Windows 和 Linux 操作系统,提供多种编程语言的支持。但是,该仿真平台更侧重支持复杂社会科学领域的研究,限制了其在其他领域的应用。

(3) MASON 是美国乔治梅森大学使用 Java 开发的 MAS 仿真平台,适用于各个复杂系统(CS)研究领域。其基于 Java 语言开发,支持图形化的显示,具有灵活、快速和便携的特点,但是应用的成熟度相对于 Swarm 和 Repast 较差,还在不断完善与创新。

(4) NetLogo 是由美国西北大学连接学习与计算机建模中心开发,相对于前面三种仿真平台而言,其最大的特点是编程语言采用高级的 LOGO 语言,能够在多种主流平台上运行,而且还可与 C 语言和 Java 语言兼容,功能丰富,便于开发,已成为目前复杂系统仿真研究最成熟的平台。

前三种支撑环境由于采用丰富的 Object-C 和 Java 框架类库,可以完成自然科学研究领域内任何模型的构建。但是"成也萧何,败也萧何",正是由于框架类库,导致它们自身结构往往比较复杂,而且也没有更多的辅助工具来帮助客户快速构建仿真系统,限制了其在 CS 仿真建模领域应用的广度和深度。因此,本章采用 NetLogo 仿真平台构建面向免疫智能体交互网络的分布式仿真系统,并进行仿真应用分析。

6.3.2　NetLogo 仿真支撑环境

NetLogo 作为 MAS 仿真建模支撑环境,能够有效实现对微观层面的微观个体行为与宏观层面的涌现现象的一体化仿真建模研究。由于其简单易懂的仿真语言、内置的图形化接口和丰富的支持文档,NetLogo 受到各个领域仿真工作者的推崇,目前已广泛应用于经济、社会、军事等 CS 建模与仿真领域[17]。

NetLogo 仿真平台主要功能由模型基本假设(model basic assumption,MBA)、仿真运行控制(simulation operation control,SOC)、仿真显示与功能扩展(simulation display and function extension,SDFE)、实验管理(experimental management,EM)和模型库(model library,ML)等模块组成,具体分析为:

(1) MBA 模块可完成对系统空间的网格划分,每个网格表示一个静态 Agent,由此构成的 MAS 通过异步更新实现 Agent 节点在网络空间的运动,并随时间动态分布与演化。具体 Agent 的行为通过特定编程定制,支持互操作和并发运行。

(2) SOC 模块采用命令行方式或通过外部控件对仿真系统进行控制,包括仿真初始化、启动、停止,调整仿真运行速度等,并支持仿真过程中全局变量的修改和优化。

(3) SDFE 模块提供多种手段实现仿真运行监视和结果输出。一方面在主界面通过视图区域显示系统空间中所有 Agent 的动态分布与演化;另一方面由于其强大的扩展功能,可通过接口或中间件与其他仿真软件进行集成。

(4) EM 模块通过内置 BehaviorSpace 实验管理工具,实现仿真参数、输出数据等功能设定,并自动管理仿真运行与数据记录。

(5) ML 模块集成了许多 CS 经典模型,涵盖自然科学与社会科学等多个领域。这些模型可以直接运行,并提供详细的解释文档,为有效减少编程难度和计算工作量提供了便利途径。

6.3.3 仿真系统设计

基于 NetLogo 的分布式仿真系统设计如图 6-1 所示。根据系统论思想,该仿真系统采用模块化设计,由 NetLogo 仿真平台子系统、中间件子系统(intermediary system)、想定生成和服务管理子系统(scenario generation and service management,SG&SM)、仿真显示与绘制子系统(simulation graphics)和数据库子系统(database)组成,以仿真功能模块的方式将各个子系统的属性和功能进行抽象和封装,如同搭积木游戏一样进行灵活装配和组合,并通过接口参数实现互通、互联和互操作。

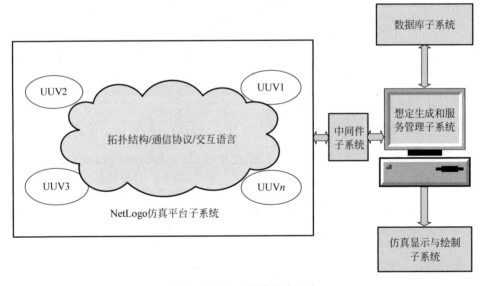

图 6-1　分布式仿真系统设计

NetLogo 仿真平台子系统为分布交互仿真提供仿真支撑环境,Agent 个体模型通过所提出的拓扑结构与通信协议(Topology/Protocal)实现各个网络成员节点的协商与合作;中间件子系统运用 Java 语言实现与 SG&SM 子系统的连接,并实现其他 NetLogo 功能的扩展;SG&SM 子系统作为总导演负责仿真过程启动、暂停和终止的控制,仿真步长和时间倍率的调整,以及对抗模拟过程数据的记录和回放,便于对任务过程进行全面分析;数据库子系统提供个体行为规则库、知识库,以及仿真过程设计、运行和分析等所有数据;仿真显示与绘制子系统提供二维显示和三维绘制功能,其中二维显示利用中间件的接口直接与 MATLAB 互联,实现二维任务过程的显示,三维绘制功能模块作为可视化仿真的扩展接口,支持三维可视化仿真系统的开发。

三维可视化仿真系统利用计算机图形学、图像生成技术、三维显示技术等实现三维绘制功能,再现仿真场景,为检验建模方法的正确性和有效性提供直观的画面渲染与绘制。目前,主流的三维可视化建模方法有 OpenGL、Vega Prime 和 Open Scene Graph(OSG)三类。其中 OpenGL 底层图形学编程语言应用程序接口(Application Program Interface,API)函数可以实现海洋可视化系统构建;Vega Prime 作为应用最广泛的商业引擎,其封装了底层语言,提供 LynX Prime GUI 工具,通过调节参数实现大范围海洋场景的绘制与渲染;OSG 是一种开源渲染引擎,提供开放性的应用程序接口(API),能够快速、便捷地创建海洋场景。在三维可视化仿真研究中,如何获得逼真的三维仿真视觉效果,逼真度评估成为研究重点,其对可视化系统的构建具有重要的指导意义。为此,下一节(6.4 节)对三维可视化逼真度评估理论进行综述,提出基于突变理论与梯形模糊数的评估方法,实现对以上三种可视化系统设计方案的决策优化,并将最优设计方案嵌入到 NetLogo 分布式仿真平台,实现仿真显示与绘制子系统中的三维可视化功能。

6.4 三维可视化逼真度评估

可视化逼真度评估研究中有两大关键问题:评估指标与评估方法。在逼真度评估指标建立方面,逼真度实现研究组(fidelity implementation study group)对三维可视化仿真提出了亮度、对比度等 9 个评估指标,但这些评估指标是针对所有的仿真可视化手段提出的,并没有考虑到三维可视化仿真的真实性、实时性、交互性等特点。曾艳阳提出了一套三维可视化仿真逼真度评估的指标体系[18],但是没有兼顾可视化仿真系统本身的复杂性,而且指标体系过于冗余;曾艳阳等人还从图像信息熵、图像边缘熵和帧频等纯客观评估要素出发,实现了三维可视化效果的半自动评估[19],但是在评估过程中没有充分考虑人的模糊性因素,导致评估精度不够理想。王金华等人针对可视化仿真技术出现的新形式,对逼真度评估体系进行了扩充[20],并将其应用到AUV仿真系统的综合评定过程中,但是没有充分考虑到逼真度评估的主观性要素。

在逼真度评估方法方面,曾艳阳等人提出了基于改进灰色聚类的三维视景效果主客观相结合的评估方法,但是主观性太强,对定性评估指标的模糊化处理不够[19]。黄安祥对现代军机仿真系统的逼真度进行了分析,提出了定量与定性结合的综合评判方法,并分析了视景显示系统与运动系统的最佳组合方案[21],但是缺乏逼真度指标的详细计算。杜君等人从人类视觉系统对信息感知和认知的角度出发[22],提出了主客观相结合的仿真系统逼真度综合评估框架,为逼真度评估提供了一个全新的视角,但是缺乏实际应用的验证。王国良等人针对逼真度评估过程中不同指标的标准化问题,给出了各类指标的标准化方法[23],解决了由于逼真度指标量纲不同而难以量化的问题。另外,Chang等人在可视化仿真中还提出了利用稀疏图像特性来进行感知视觉图像的逼真度质量评估方法[24]。总的来说,逼真度评估方法可归纳为客观评估方法、主观评估方法和主客观综合评估方法三类。这些方法要么注重人的主观判断,要么选取有限的客观指标进行客观分析,很少在主客观评价之间寻求一种兼顾主观性和模糊性的平衡策略,影响仿真逼真度的评估精度。

为此,针对逼真度评估难以兼顾主观性和模糊性的问题,需要构建一套以定量指标为主、定性指标为辅的多级逼真度评估指标体系,并设计一种基于突变理论和梯形模糊数的评判方法,为可视化仿真系统的构建提供决策依据。

6.4.1 四级逼真度评估指标体系

在遵循视景仿真基本原则——实时性、一致性、修正性、组合性和人机交互性的基础上,考虑人的视觉感受、认知能力和识别能力,建立一套以定量指标为主、定性指标为辅的四级海洋可视化仿真逼真度评估指标体系,各级指标及其描述如表6-1所示。

表 6-1 海洋可视化系统逼真度评估指标及其描述

一级指标	二级指标	三级指标	四级指标	指标描述
海洋可视化逼真度	三维运动实体模型	外形特性	几何尺寸	对象的几何尺度(UUV、潜艇)
			多边形数	三角形的面片总量
			曲线误差	网格模型逼近曲线和曲面的误差
			曲面误差	
		材质特性	材质颜色	基于 Creator、OpenGL 和 OSG 多边形模型表面的材质和光照特性
			光照颜色	
		纹理特性	分辨率	刻画纹理文件与真实仿真对象的差别
			透明度	
			混合度	
		分辨率特性	结构一致	描述精细程度和计算机图形计算能力
			层次数量	
			切换平滑	
	虚拟自然环境	海洋特性	海浪算法	Perlin 噪声方法、快速傅里叶变换方法和自适应融合算法
			纹理光照	刻画海面的光照效果
			海面特效	尾流、漩涡等复杂现象
		水下空间	空间纹理	描述水下空间自然现象
			水下光照	
			水下地形	
			水下生物	
		大气特性	天空	描述天空中云、雾等自然现象和天气变化
			天气	
			光线	
	场景显示品质	实时性和画面特性	帧频	从人的视觉角度反映画面效果,体现三维场景的实时性和分辨率
			显示分辨率	
			色彩饱和度	
			亮度	
			对比度	

该四层指标体系模型涵盖三维运动实体模型、虚拟自然环境和场景显示品质等三个方面,涉及实体、海浪、光照、特效等各类仿真模型,还包括音效、渲染、

绘制等软硬件仿真要素，共形成 27 个指标表征海洋可视化系统的逼真度特性。

6.4.2 突变决策方法设计

1. 突变模型及其特性

突变理论作为一门新兴的现代数学分支，以 1972 年法国数学家托姆的《结构稳定性和形态发生学》正式出版为诞生标志，是关于系统状态变量特征对控制变量依从关系的数学理论，研究自然现象、社会形态等具有矛盾性的不连续现象[16,25]。目前，该理论广泛应用于能源电力[26]、金融财务[27]及人工社会行为分析[28]等领域的综合评判与分析。

对于任何一个系统，如果由一个平衡状态跃迁到另一个平衡状态，即认为系统发生了突变，该过程的全貌可通过一个光滑的平衡曲面(突变流形)来描述。丰富繁杂的突变现象，根据控制空间和状态空间的维数不同，主要形成了折叠型、尖点型、燕尾型、蝴蝶型和棚屋型等 5 种常用突变模型，如表 6-2 所示。其中势函数、平衡曲面方程、分支点集方程和归一化公式的定义如下。

表 6-2 突变模型及其特性

类型	状态维数	控制维数	势函数 $V(x)$	平衡曲面方程	归一化公式
折叠型	1	1	x^3+ux	$3x^2+u=0$	$x_u=\sqrt[2]{u}$
尖点型	1	2	x^4+ux^2+vx	$4x^3+2ux+v=0$	$x_u=\sqrt[2]{u}, x_v=\sqrt[3]{v}$
燕尾型	1	3	$x^5+ux^3+vx^2+wx$	$5x^4+3ux^2+2vx+w=0$	$x_u=\sqrt[2]{u}, x_v=\sqrt[3]{v}, x_w=\sqrt[4]{w}$
蝴蝶型	1	4	$x^6+ux^4+vx^3+wx^2+tx$	$6x^5+4ux^3+3vx^2+2wx+t=0$	$x_u=\sqrt[2]{u}, x_v=\sqrt[3]{v}, x_w=\sqrt[4]{w}, x_t=\sqrt[5]{t}$
棚屋型	1	5	$x^7+ux^5+vx^4+wx^3+tx^2+rx$	$7x^6+5ux^4+4vx^3+3wx^2+2tx+r=0$	$x_u=\sqrt[2]{u}, x_v=\sqrt[3]{v}, x_w=\sqrt[4]{w}, x_t=\sqrt[5]{t}, x_r=\sqrt[6]{r}$

势函数 $V(x)$ 表示突变系统中状态变量和控制变量之间的相对关系和位置,其中 x 表示状态变量,r,t,u,v,w 表示控制变量。

平衡曲面方程是通过对突变模型的势函数 $V(x)$ 进行求导得到的其所有临界点组成的曲面方程。

分支点集方程通过 $V'(x)=0$ 奇点和平衡曲面方程 $V''(x)=0$ 奇点联立计算得到,当控制变量满足该方程时系统就会发生突变,即系统是否发生突变取决于系统的控制参量,其反映了状态变量与各控制变量之间的关系。

归一化公式由突变模型的分支点集方程通过分解形式将系统内部不同质态的指标归一化为可比较的同一种质态,求出各控制变量的突变值,利用递归迭代计算总突变隶属函数值,进行决策推理。

2. 数据的模糊化处理

模糊数学方法被广泛用于评估不确定性的研究与实践中,通过对数据信息的模糊性描述,使评价结果更加准确可靠[29]。三角模糊数作为模糊数学方法中最常用的数据处理方法,能够描述和处理模糊、随机信息,具有广泛、成熟的理论研究与实践应用价值。

三角模糊数(triangular fuzzy number,TGFN):A 为论域实数集 **R** 上的模糊数,$x \in \mathbf{R}$,其隶属函数 $u_A(x)$ 表示为

$$u_A(x) = \begin{cases} 0, & x \leqslant a_1 \\ \dfrac{x-a_1}{a_2-a_1}, & a_1 \leqslant x \leqslant a_2 \\ \dfrac{a_3-x}{a_3-a_2}, & a_2 \leqslant x \leqslant a_3 \\ 0, & x \geqslant a_3 \end{cases} \tag{6-1}$$

则 $A=(a_1,a_2,a_3)$ 为三角模糊数,其中 $a_1 \leqslant a_2 \leqslant a_3$,则 $A=(a_1,a_2,a_3)$ 的隶属函数如图 6-2 所示。

TGFN 可以很好地量化对方案的评价,例如专家认为某方案的某一指标"POOR"的程度不会超过 6 分,"GOOD"的程度不会超过 8 分,则评价值在区

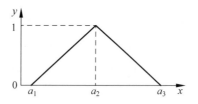

图 6-2 三角模糊数隶属函数

间[6,8]内取值,并且认为最有可能的取值为 7 分,则三角模糊数(6,7,8)可以表示此方案的评价值。但由于 TGFN 表征的量值为相对最可能的一个点值,对于峰值较为扁平的参数分布,应用 TGFN 会导致评估结果产生较大的数据误差。针对这一问题,梯形模糊数能给予很好的解决,符合"大概在某一范围,且最有可能在其中某一区间"的判定[30-32]。

梯形模糊数(trapezoidal fuzzy number,TZFN):A 为论域实数集 $\mathbf{R}$ 上的模糊数,$x \in \mathbf{R}$,其隶属函数 $u_A(x)$ 表示为

$$u_A(x) = \begin{cases} 0, & x \leqslant a_1 \\ \dfrac{x-a_1}{a_2-a_1}, & a_1 \leqslant x \leqslant a_2 \\ 1, & a_2 \leqslant x \leqslant a_3 \\ \dfrac{a_3-x}{a_4-a_3}, & a_3 \leqslant x \leqslant a_4 \\ 0, & x \geqslant a_4 \end{cases} \quad (6-2)$$

则 $A=(a_1,a_2,a_3,a_4)$ 为梯形模糊数,其中 a_1 和 a_4 表示模糊数的下界和上界,$a_2 \leqslant x \leqslant a_3$ 称为相对最可能值区间。特别地,当 $a_2=a_3$ 时,A 退化为三角模糊数;当 $a_1=a_2$、$a_3=a_4$ 时,A 退化为区间数;当 $a_1=a_2=a_3=a_4$ 时,A 退化为普通实数。梯形模糊数隶属函数如图 6-3 所示。

假设某一个指标的模糊数的隶属函数为

$$M = u_A(x) = (a_1,a_2,a_3,a_4) \quad (6-3)$$

定量化计算采用 α-截集技术,通过定义 α-截集的置信度区间,将梯形模糊数 A 转化为与一定可信度水平相对应的区间数进行计算,即

$$A^\alpha = [A_L^\alpha, A_R^\alpha] \quad (6-4)$$

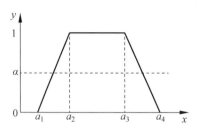

图 6-3 梯形模糊数隶属函数

$$A_L^\alpha = (a_2 - a_1)\alpha + a_1 \tag{6-5}$$

$$A_R^\alpha = a_4 - (a_4 - a_3)\alpha \tag{6-6}$$

其中，A^α 为 A 的 α-截集，其实际上是一个以 α 为自变量且可信度水平不低于 α 的数据集合。

若 $A_1^\alpha = [A_L^\alpha, A_R^\alpha]$ 为梯形模糊数 A 的 α-截集，则 A 的期望区间为

$$E(A) = [E(A_L^\alpha), E(A_R^\alpha)] \tag{6-7}$$

$$E(A_L^\alpha) = \int_0^1 A_L^\alpha(\alpha) d\alpha \tag{6-8}$$

$$E(A_R^\alpha) = \int_0^1 A_R^\alpha(\alpha) d\alpha \tag{6-9}$$

梯形模糊数的期望用期望区间的中值表示为

$$EV(A) = \frac{1}{2}\left(\int_0^1 A_L^\alpha(\alpha) d\alpha + \int_0^1 A_R^\alpha(\alpha) d\alpha\right) \tag{6-10}$$

为减小个别专家的意见对权重结果的影响，提高评价结果的可靠性，待选对象的最终评价结果通过多个专家意见加权来表示，即

$$F_\alpha = EV_\alpha^i(A) \Big/ \sum_{i=0}^n EV_\alpha^i(A) \tag{6-11}$$

每一个指标计算其多个专家意见加权信息，即可以看作该指标的初始隶属函数值：

$$M = F_\alpha \tag{6-12}$$

分析可知，可利用梯形模糊数对突变模型中控制变量进行标准化，并计算其初始模糊隶属函数值。在逼真度分析过程中，选取梯形模糊数 A 为

$$A = \begin{cases} \left(1, 1, \dfrac{3}{2}, 2\right), & x = 1 \\ \left(x-1, x-\dfrac{1}{2}, x+\dfrac{1}{2}, x+1\right), & x = 2,3,4,5,6,7,8 \\ \left(8, \dfrac{17}{2}, 9, 9\right), & x = 9 \end{cases} \quad (6\text{-}13)$$

3. 决策方法步骤

利用突变理论进行模糊综合分析时,根据各个常用突变模型的归一化公式,按照"非互补"或"互补"原则计算各层状态变量值[30],以棚屋型为例说明"非互补"或"互补"原则。若各控制变量之间不存在相互关联,则遵循"非互补"原则,控制变量对应的突变级数值 x 为 x_u, x_v, x_w, x_t, x_r 中最小值,即

$$x = \min(x_u, x_v, x_w, x_t, x_r) \quad (6\text{-}14)$$

若各控制变量之间存在相互关联作用,则遵循"互补"原则,控制变量对应的突变级数值 x 为 x_u, x_v, x_w, x_t, x_r 的平均值,即

$$x = (x_u + x_v + x_w + x_t + x_r)/5 \quad (6\text{-}15)$$

在突变理论决策中,对各控制变量间相对重要性的考虑主要表现在相应的归一化公式中,若控制变量排列靠前则为主要控制变量,次要控制变量依次在后。为了避免控制变量的重要程度比较接近,通过突出主要控制变量和淡化次要控制变量,达到区分主次指标量值的目的。

由于突变模型归一化公式中控制变量 x_u, x_v, x_w, x_t, x_r 表征的是状态变量不同方面的质态,因此在使用归一化公式之前,应依据突变理论决策的要求将底层指标的原始数据转化为[0,1]范围内无量纲的越大越优型数值。利用线性归一化方法将定量指标转化为[0,1]取值范围内的越大越优型指标值;利用专家系统的区间打分法对定性指标进行打分计算[33]。根据以上分析,可归纳基于突变理论与梯形模糊数决策方法步骤:

Step 1 建立多层次多指标的逼真度评估指标体系如表6-1所示。

Step 2 利用式(6-2)~式(6-13)对第四层指标进行无量纲的标准化,并计

算各指标的初始模糊隶属函数值。

Step 3 依据各底层指标数目选择相应控制变量数目的突变模型归一化公式，利用式(6-14)和式(6-15)进行"非互补"或"互补"原则的递归运算，最终得到表征系统特性的总突变隶属函数值。

Step 4 迭代计算步骤 Step 2 和 Step 3，计算不同方案的总突变隶属函数值。

Step 5 根据不同方案总突变隶属函数值的排序进行最终决策。

6.4.3 可视化逼真度分析

仿真测试硬件环境：处理器 Intel(R)Core(TM)i7-2600 CPU、运行内存 3GB、显卡为 NVIDA GeForce GTX 560。软件环境：Windows 7 32 位操作系统、Visual Studio 2008 编程工具、OSG3.0.0、OpenGL2.2 和 Vega Prime 2.2。OpenGL、Vega Prime 和 OSG 三种可视化设计方案生成的虚拟场景如图 6-4、图 6-5 和图 6-6 所示[34]。

图 6-4 基于 OpenGL 的虚拟场景

图 6-5 基于 Vega Prime 的虚拟场景

彩图 6-4

彩图 6-5

具体决策步骤如下：

(1) 构建海洋场景三维可视化逼真度评估指标体系如表 6-1 所示；

(2) 对定量与定性的底层指标进行梯形模糊数据处理结果如表 6-3 所示；

彩图 6-6

图 6-6 基于 OSG 的虚拟场景

表 6-3 定量与定性指标标准化及其初始隶属度值

四级指标	OpenGL(初始隶属度值)	Vega Prime(初始隶属度值)	OSG(初始隶属度值)
几何尺寸	8(0.339)	9(0.365)	7(0.296)
多边形数	9(0.342)	9(0.342)	8(0.316)
曲线误差	8(0.339)	9(0.365)	7(0.296)
曲面误差	7(0.304)	8(0.348)	8(0.348)
材质颜色	8(0.348)	8(0.348)	7(0.304)
光照颜色	7(0.318)	8(0.364)	7(0.318)
分辨率	8(0.333)	8(0.333)	8(0.333)
透明度	7(0.296)	9(0.365)	8(0.339)
混合度	5(0.333)	6(0.400)	4(0.267)
结构一致	9(0.356)	9(0.356)	7(0.288)
层次数量	6(0.353)	5(0.294)	6(0.353)
切换平滑	7(0.333)	8(0.381)	6(0.286)
海浪算法	8(0.333)	8(0.333)	8(0.333)
纹理光照	7(0.296)	9(0.365)	8(0.339)
海面特效	6(0.333)	6(0.333)	6(0.333)
空间纹理	6(0.333)	6(0.333)	6(0.333)
水下光照	6(0.333)	6(0.333)	6(0.333)
水下地形	6(0.333)	6(0.333)	6(0.333)
水下生物	6(0.333)	6(0.333)	6(0.333)
天空	8(0.339)	9(0.365)	7(0.296)
天气	7(0.296)	9(0.365)	8(0.339)
光线	7(0.288)	9(0.356)	9(0.356)
帧频	9(0.399)	7(0.324)	6(0.277)

续表

四级指标	OpenGL(初始隶属度值)	Vega Prime(初始隶属度值)	OSG(初始隶属度值)
显示分辨率	8(0.348)	8(0.348)	7(0.304)
色彩饱和度	7(0.333)	7(0.333)	7(0.333)
亮度	7(0.304)	8(0.348)	8(0.348)
对比度	6(0.300)	7(0.350)	7(0.350)

（3）根据突变模型的控制变量及其归一化公式，分别计算各个指标的突变数值，如三级指标纹理特性中有3个指标应选用燕尾型。三级指标中分辨率特性、大气特性和画面特性，以及二级指标场景显示品质和一级指标海洋可视化逼真度都遵循"互补"原则，其他为"非互补"原则；

（4）根据多层模型的控制变量进行迭代计算，获取各方案的总突变隶属函数值；

（5）依据各方案总突变隶属函数值进行选优与决策，最终结果如表6-4所示。

表 6-4　决策评价最终数据结果

方法	方案 A	方案 B	方案 C
文中方法	0.920	0.913	0.923
FAHP	88.76	82.51	91.24

表6-3中，A方案为OpenGL，B方案为Vega Prime，C方案为OSG，三个设计方案总突变隶属函数值如表6-4所示，可见基于OSG的C方案为最佳方案。为了对所提方法进行一致性和有效性验证，在相同条件下应用模糊层次分析法(fuzzy analytic hierarchy process，FAHP)[15]计算，结果如表6-4。实验表明，所提方法能够有效兼顾三维可视化逼真度评估的主观性与模糊性。

因此，选择基于OSG的三维可视化仿真系统设计方案作为NetLogo分布式仿真平台的三维显示功能模块，并嵌入CUDA(compute unified device architecture，计算统一设备系统结构)加速平台实现微小型UUV集群三维可视化建模的实时渲染和绘制，不断增强场景的真实感，为验证免疫智能体交互网络建模方法的有效性和正确性提供直观、逼真的可视化画面。

6.5 典型仿真应用与分析

基于 NetLogo 的微小型 UUV 集群分布式仿真系统,以规避障碍和协同探测作为典型应用,并通过四个仿真实验来验证免疫智能体交互网络理论方法的有效性和正确性。

6.5.1 单体避障仿真应用与分析

仿真想定:在 10 000m×10 000m 范围的海域,将 UUV 抽象为二维运动质点,初始航向 45°,速度 2.5m/s,探测范围 1000m,健康状态与能源状态良好,从起始位置(0,0)自主规避水下障碍运动到目标位置(10 000m,10 000m)。为了验证单体智能性建模的有效性,设计六种不同海洋环境样本,如表 6-5 所示,对其行为的反应、规划和学习进行分析。

表 6-5　海洋环境样本及其描述

序号	环境样本	注释
Case 1	无障碍	环境威胁 Low
Case 2	障碍♯1:半径(800),位置(4200,5500)	环境威胁 Low
Case 3	障碍♯1:半径(800),位置(4200,4500)	环境威胁 Middle
Case 4	障碍♯1:半径(800),位置(4200,4500) 障碍♯2:半径(550),位置(8000,7600)	环境威胁 Middle
Case 5	障碍♯1:半径(1000),位置(2300,2500) 障碍♯2:半径(550),位置(8000,7600)	环境威胁 Middle
Case 6	障碍♯1:半径(1150),位置(3000,3150) 障碍♯2:半径(800),位置(8000,7700) 障碍♯3:半径(800),位置(1800,7500) 障碍♯4:半径(1300),位置(5200,6600) 障碍♯5:半径(800),位置(4200,4500) 障碍♯6:半径(800),位置(8500,2500)	环境威胁 High

基于 NetLogo 仿真平台,六种海洋环境下单体避障过程如图 6-7 所示。从 Case 1 到 Case 6,应用环境从简单到复杂进行渐变,多层次混杂式结构单体模型

6 面向免疫智能体交互网络的分布式仿真系统设计与应用 195

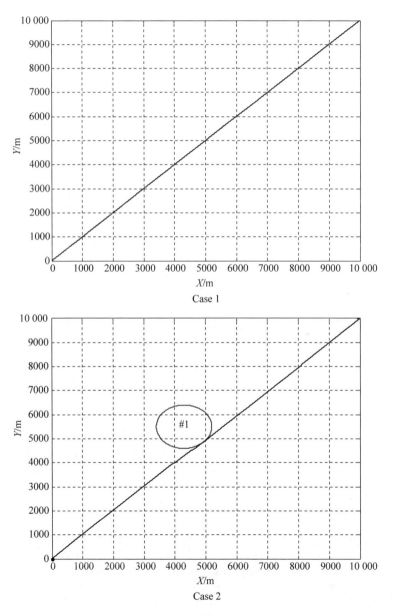

图 6-7 规避障碍示意图

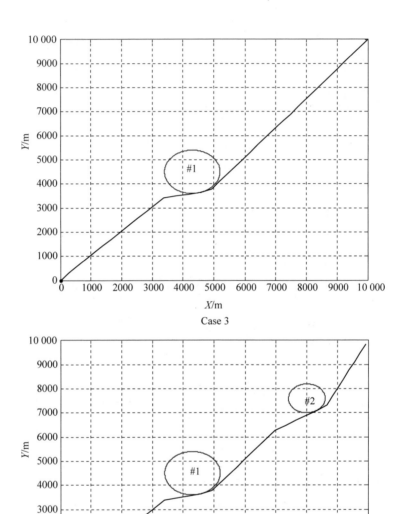

图 6-7 （续）

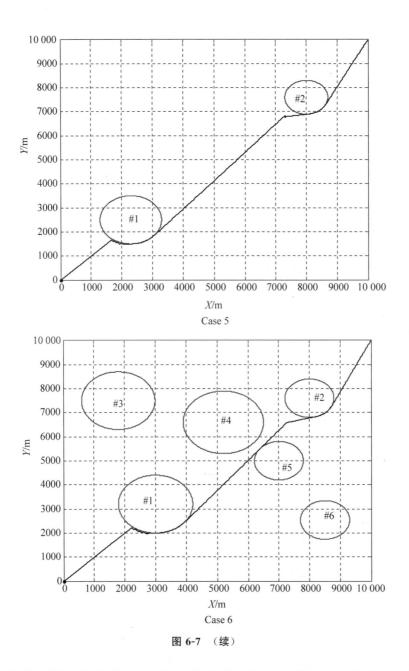

图 6-7 （续）

可以根据其支撑组件和核心组件，选择合适的行为或策略，运动到目标位置。其中，Case 1 和 Case 2 由于环境"简单"，利用行为反应层 BRL 直接进行行为反应；Case 3、Case 4 和 Case 5 由于环境"一般"，利用行为规划层 BPL 进行行为策略规划决策,选择势场法规避障碍;Case 6 由于环境"复杂",利用行为学习层 BLL 进行行为学习。可以看出,单体模型可以实现 UUV 行为的自主反应、规划和学习等智能特性建模。

6.5.2　群体协同探测应用与分析

仿真想定:在 10 000×10 000 单位范围的海域,20 个 UUV 抽象为二维运动质点,采取基本行为动作 N,随机分布进行水下协同探测入侵目标,形成全局网络,如图 6-8 所示。一旦目标入侵,某一 Agent 节点依据基本行为动作 P 发现入侵目标,则该个体基本行为动作改变为 M,并发送信息给通信范围内的其他网络节点,根据位置等因素选择合适基本行为动作 M,实现局部网络的协同攻击。

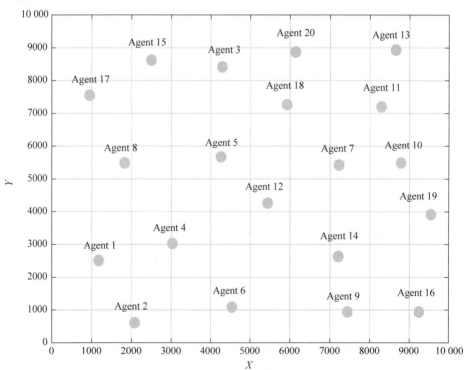

图 6-8　初始化网络节点分布

仿真初始化：探测范围半径 1500m，通信范围半径 1300m；改进的 Farmer 动力学模型参数，$N=3$，$i,j \in N$，浓度率为 0.5，压缩因子 k_2 为 0.5，粗糙度 H 为 0.5，相互作用函数 W_{ik} 为 1，交互作用函数如表 6-6 所示。

表 6-6 交互作用函数

i	N	P	M	N	P	M	N	P	M
j	N	N	N	P	P	P	M	M	M
U_{ij}	1.00	−0.33	−0.50	−0.66	1.00	−0.33	−0.50	−0.33	1.00
U_{ji}	1.00	−0.66	−0.50	−0.33	1.00	−0.33	−0.50	−0.33	1.00

考虑两种不同入侵目标：Case 1 表示协同搜索与攻击 1 个目标，Case 2 表示协同搜索与攻击 2 个目标。两种模式的仿真结果分别如图 6-9 和图 6-10 所示，其中浅色圆圈 Agent 标志 UUV 节点，深色圆圈标志入侵目标（Enemy Target）。

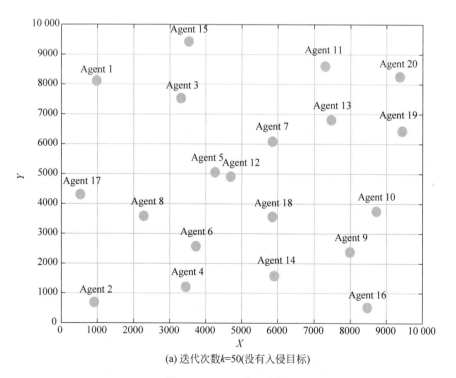

(a) 迭代次数 $k=50$（没有入侵目标）

图 6-9 Case 1 过程演化

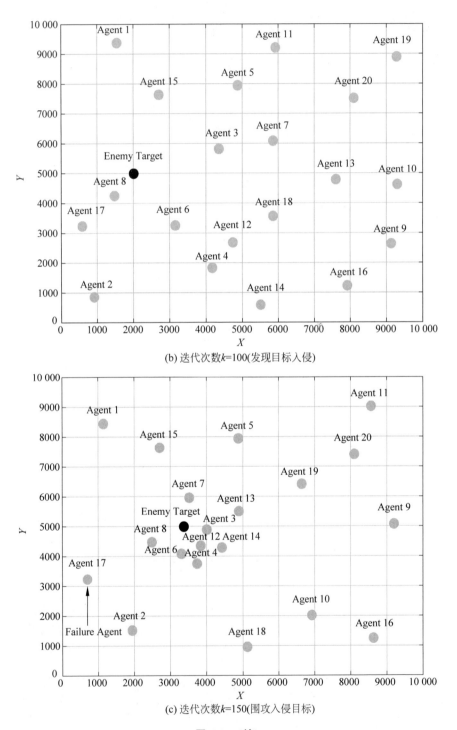

(b) 迭代次数 k=100(发现目标入侵)

(c) 迭代次数 k=150(围攻入侵目标)

图 6-9 （续）

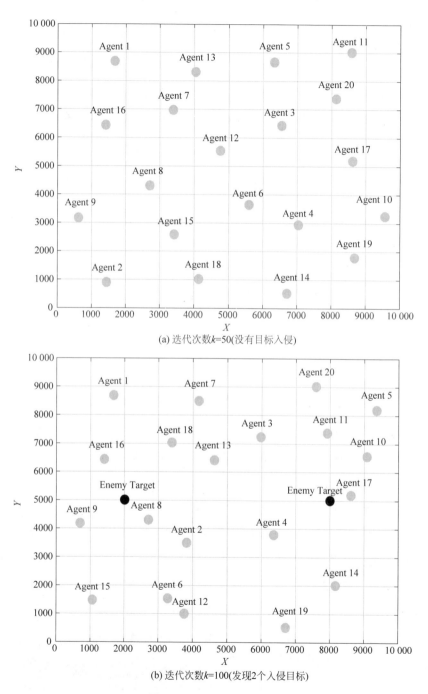

(a) 迭代次数 k=50(没有目标入侵)

(b) 迭代次数 k=100(发现2个入侵目标)

图 6-10 Case 2 过程演化

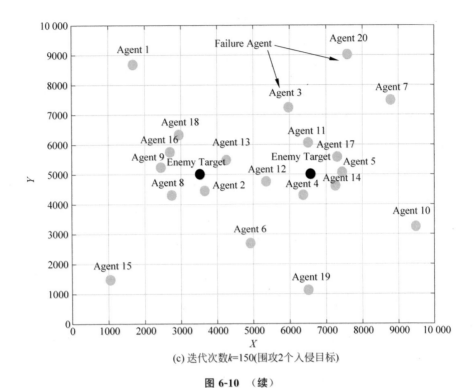

(c) 迭代次数 $k=150$ (围攻2个入侵目标)

图 6-10 （续）

在 Case 1 中，对比图 6-8 和图 6-9(a) 可知，即使没有目标入侵，所有节点在全局网络中可以利用改进的 Farmer 协调控制方法维持动态平衡，各个节点继续执行基本行为动作 N，迭代次数达 50 次。在图 6-9(b) 中，当迭代次数 $k=100$，入侵目标出现在位置 (2000, 5000)，Agent 8 首先探测到目标，其基本行为动作立刻变为 P；同时其作为局部网络"中心"节点，利用局部网络的合同网通信协议及其通信动作，立刻向通信范围内的其他个体发送目标入侵信息，且基本行为动作改变为 M。在图 6-9(c) 中，当迭代次数 $k=150$，群体协同攻击目标的态势已经形成，即使 Agent 17 由于约束条件的影响丧失能力（Failure Agent）。此外，其他个体例如 Agent 1 和 Agent 2 等继续维持全局动作 N，这是因为探测距离受限。

在 Case 2 中，图 6-10(a) 与图 6-9(a) 一致，即使没有目标入侵，所有节点在全局网络中可以利用改进的 Farmer 协调控制方法维持动态平衡，且继续执行基本行为动作 N。在图 6-10(b)中,当迭代次数 $k=100$,2 个入侵目标分别出现在位置(2000,5000)和(8000,5000),Agent 8 和 Agent 17 分别在附近探测到目标,其基本行为动作立刻变为 P;同时其作为局部网络"中心"节点,向通信范围内的其他个体发送目标入侵信息,且基本行为动作改变为 M。在图 6-10(c)中,当迭代次数 $k=150$,群体协同攻击目标的态势已经形成,即使 Agent 3 和 Agent 20 由于约束条件的影响丧失能力(Failure Agent)。此外其他个体继续维持全局动作 N,继续保持搜索状态。

可以看出,研究的在约束条件下自适应动态协作与通信机制方法可以实现协同探测中的行为交互,即使在一些个体不能进行作业的情况下,也可以通过网络拓扑结构自适应调整。总的来说,免疫智能体交互网络理论方法在微小型 UUV 集群协同仿真建模中表现出较好的动态性、鲁棒性和健壮性。

6.5.3 多种方法应用对比与分析

为了分析免疫智能体交互网络(IAIN)理论方法的性能,利用基于 NetLogo 的分布式仿真平台,与已有的协同建模方法,如基于领航-跟随的集中协调模型方法(centralized coordination based leader-follower,CCLF)[35]、基于 CNP 协议的协商方法(CNP negotiation method,CNP)[36]和免疫网络模型方法(immune network model,INM)[37],在相同实验环境下进行对比分析。其中,CCLF 和 CNP 采用星形拓扑结构,INM 采用网状拓扑结构,而免疫智能体交互网络采用混杂拓扑结构。

为定量化分析以上方法的特性,选取三种性能指标:任务时间(mission time)表示从仿真开始到击毁目标的消耗时间;通信消耗(communication cost)表示各种方法仿真过程中的通信处理带宽;迭代次数(iteration number)表示在任务时间内方法的迭代次数。仿真结果如图 6-11、图 6-12、图 6-13 及表 6-7 所示。

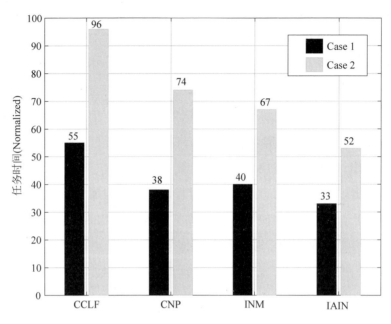

图 6-11 任务时间性能对比

表 6-7 三种性能指标的平均值统计对比

方法	拓扑结构	控制方式	任务时间		通信消耗		迭代次数	
			Case 1	Case 2	Case 1	Case 2	Case 1	Case 2
CCLF	星形拓扑	集中式	51.4	95.7	66.4	91.5	45.2	85.7
CNP	星形拓扑	分布式	39.6	74.9	58.2	96.3	41.2	70.6
INM	网状拓扑	分布式	40.2	65.3	48.3	65.8	33.2	52.9
IAIN	混杂拓扑	分布式	34.1	51.8	34.6	52.4	26.8	42.1

在图 6-11、图 6-12 和图 6-13 中，Case 2 完成协同探测的任务时间、通信消耗和迭代次数相比 Case 1 都要大，这是因为 Case 2 会形成两个局部网络来实现探测两个入侵目标，其交互行为增加，造成计算规模增大。免疫智能体交互网络方法无论在 Case 1 和 Case 2 都优于其他三种方法，这是因为灵活的拓扑结构和高效的协商方法从源头减少了通信规模，达到了协同过程的优化。而 CCLF 方法性能指标相对其他方法最差，这是因为其采用了星形拓扑，在仿真开始需要更多的时间来构建自上而下的系统结构。虽然这种方法交互高效，但

6 面向免疫智能体交互网络的分布式仿真系统设计与应用

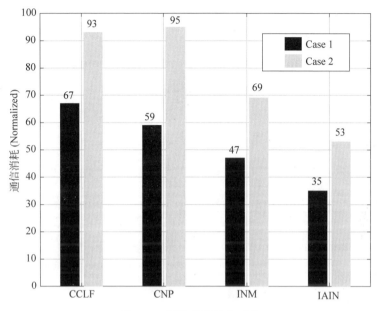

图 6-12 通信消耗性能对比

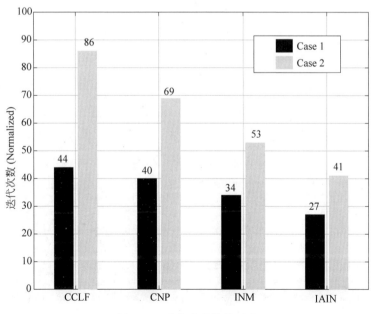

图 6-13 迭代次数性能对比

如果某些节点失效,会造成系统瘫痪和崩溃,需要重新建立集中式结构,消耗大量时间。CNP 分布式协调方法由于采用星形拓扑,会形成一个全向图,造成每次迭代的通信消耗会比免疫智能体交互网络方法多,而且如果有新的入侵目标加入,如 Case 2,会导致通信消耗突然增加。

为了进一步展现所提方法的优势,针对 Case 1 和 Case 2 在相同的仿真环境下分别独立进行 50 次仿真实验,三个性能指标的平均值如表 6-7 所示。

6.5.4　三维可视化仿真分析

在 6.4 节通过逼真度评估分析可知,基于 OSG 的三维可视化设计方案在场景显示、绘制和渲染等方面表现出更好的逼真度和实时性,因此将 OSG 作为仿真显示与绘制子系统中的三维显示功能模块,嵌入到 NetLogo 分布式仿真平台,利用实时数据实现典型场景再现,如图 6-14 所示。

图 6-14 中给出了基于 OSG 绘制和渲染的典型场景:图 6-14(a)显示 UUV 进行水下目标探测的画面,图 6-14(b)显示 UUV 规避水下地形的画面,图 6-14(c)显示入侵目标运动的画面,图 6-14(d)显示两条 UUV 水下通信的画面,图 6-14(e)显示多 UUV 协同探测的画面,图 6-14(f)显示微小型 UUV 围捕目标的画面。总的来说,随着模型数量的增加可视化系统帧频可保持在 36fps 左右,满足一般可视化系统建模的要求。可视化效果进一步验证了免疫智能体交互网络建模方法在微小型 UUV 集群协同应用过程中的有效性。

彩图 6-14

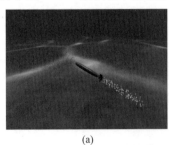

(a)

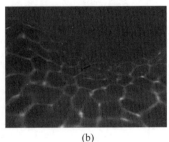

(b)

图 6-14　典型场景再现

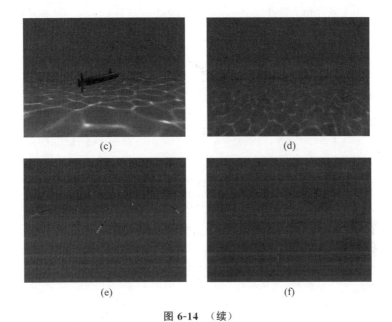

图 6-14 （续）

6.6 小结

本章分析了面向免疫智能体交互网络建模与仿真的性能需求，设计了基于 NetLogo 的微小型 UUV 集群协同的分布交互仿真系统，由 NetLogo 支撑环境子系统、中间件子系统、想定生成和服务管理子系统、仿真显示与绘制子系统和数据库子系统组成。在仿真显示与绘制子系统的三维可视化仿真设计过程中，研究了多级逼真度评估指标模型，提出了基于突变理论与梯形模糊数的可视化仿真逼真度评估方法，实现了基于 OSG 的微小型 UUV 集群三维可视化仿真系统设计的目标。最后，以单体规避障碍和群体协同探测为仿真应用实例进行了多分辨率智能性建模仿真分析和群体协同建模仿真分析，体现了该建模方法较好的动态性、鲁棒性和健壮性；以 OSG 三维可视化设计方案对规避障碍和协同搜索的典型场景进行渲染和绘制，画面流畅、逼真，间接验证了免疫智能体交互网络建模方法的正确性。总之，仿真结果表明免疫智能体交互网络可实现对微小型 UUV 集群智能性和协同性建模的要求。

参考文献

[1] NGUYEN T L, WANG Y, TRAN Q T, et al. A distributed hierarchical control framework in islanded microgrids and its agent-based design for cyber-physical implementations[J]. IEEE Transactions on Industrial Electronics, 2021, 68(10): 9685-9695.

[2] 孙晓辉. 基于 MAS 的多机器人系统的研究与仿真[D]. 哈尔滨: 哈尔滨工程大学, 2006.

[3] MAO M, JIN P, HATZIARGYRIOU N D, et al. Multiagent-based hybrid energy management system for microgrids[J]. IEEE Transactions on Sustainable Energy, 2014, 5(3): 938-946.

[4] ZHANG J. Agent-based optimizing match between passenger demand and service supply for urban rail transit network with NetLogo[J]. IEEE Access, 2021, 9: 32064-32080.

[5] 李慧琴, 薛霄. 多 Agent 系统仿真平台[J]. 计算机系统应用, 2012, 21(5): 8-11.

[6] MENDES A H, ROSA M J, MAROTTA M A. MAS-Cloud+: A novel multi-agent architecture with reasoning models for resource management in multiple providers[J]. Future Generation Computer Systems, 2024, 154: 16-34.

[7] FURFARO A, SACCO L. Exploiting Adaptive Ladder Queue into Repast Simulation Platform[C]//2018 IEEE/ACM 22nd International Symposium on Distributed Simulation and Real Time Applications (DS-RT), Madrid, Spain, 2018, 1-5.

[8] 梁洪涛. 面向免疫智能体交互网络的多 UUV 协同作战系统建模研究[D]. 西安: 西北工业大学, 2017.

[9] 肖田元, 金伟新. 体系对抗仿真体系网络建模与实验[D]. //第三届中国系统建模与仿真技术高层论坛论文集. 2008: 73-86.

[10] 赵沁平. 虚拟现实综述[J]. 中国科学 F 辑, 2009, 39(1): 2-46.

[11] BILLINGHURST M, CLARK A, LEE G. A survey of augmented reality[J]. Foundations and Trends in Human-Computer Interaction, 2015, 8(2-3): 73-272.

[12] 汪成为, 高文. 灵境(虚拟现实)技术的理论、实现及应用[M]. 北京: 清华大学出版社, 2004.

[13] MONTEIRO P, GONÇALVES G, COELHO H, et al. Hands-free interaction in immersive virtual reality: A systematic review[J]. IEEE Transactions on Visualization and Computer Graphics, 2021, 27(5): 2702-2713.

[14] 李伯虎, 柴旭东, 朱文海, 等. 复杂产品协同制造支撑环境技术的研究[J]. 计算机集成制造系统, 2003, 9(8): 691-697.

[15] 唐凯, 康凤举. 基于模糊 AHP 的视景仿真系统逼真度评估方法研究[J]. 系统仿真学报, 2008, 20(22): 6049-6053, 6057.

[16] 梁洪涛,康凤举,翟楠楠.基于突变理论与梯形模糊数的海洋视景仿真逼真度综合评定[J].江苏大学学报(自然科学版),2014,35(1):50-55.
[17] 张明明,穆晓敏.基于NetLogo平台的作战能力仿真评估系统[J].通信世界,2016,8:127-128.
[18] 曾艳阳.自修正的三维视景组合优化技术及在虚拟战场环境中的应用[D].西安:西北工业大学,2014.
[19] 曾艳阳,贾盼盼.基于改进灰色聚类的三维视景效果评估方法[J].系统仿真学报,2015,27(10):2497-2501.
[20] 王金华,严卫生,刘旭琳,等.视景仿真可信度评估体系的扩充及其应用[J].系统仿真学报,2010,22(8):1912-1917.
[21] 黄安祥.现代军机仿真逼真度的研究[J].系统仿真学报,2005,17(12):2858-2863.
[22] 杜君,梁强,姚凡凡.虚拟战场环境视景逼真度评估方法研究[J].系统仿真学报,2013,35(8):1891-1895.
[23] 王国良,崔建岭,申绪涧,等.面向逼真度评估的指标标准化方法研究[J].中国电子科学研究院学报,2014,9(2):155-160.
[24] CHANG H W,HUA Y,GAN Y,et al. Sparse feature fidelity for perceptual image quality assessment[J]. IEEE Transactions on Image Processing,2013,22(10):4007-4018.
[25] CHIRILUS-BRUCKNER M,DOELMAN A,HEIJSTER P,et al. Butterfly catastrophe for fronts in a three-component reaction-diffusion system [J]. Journal of Nonlinear Science,2015,25(1):87-129.
[26] 付学谦,陈皓勇.基于加权秩和比法的电能质量综合评估[J].电力自动化设备,2015,35(1):128-132.
[27] WANG B R,YE J,WU P. Research on evaluation of the degree of serious damage-Basing Catastrophe theory[C]//2011 2nd International Conference on Artificial Intelligence, Management Science and Electronic Commerce (AIMSEC),Dengleng,2011,557-560.
[28] DENKENBERGER D,SANDBERG A,TIEMAN R,et al. Long-term cost-effectiveness of resilient foods for global catastrophes compared to artificial general intelligence safety[J]. International Journal of Disaster Risk Reduction,2022,73:102798.
[29] 李士勇.模糊控制、神经控制和智能控制论[M].哈尔滨:哈尔滨工业大学出版社,2002.
[30] CHAKRABORTY D,JANA D K,ROY T K. A new approach to solve fully fuzzy transportation problem using triangular fuzzy number [J]. International Journal of Operational Research,2016,26(2):153-179.
[31] WAN S P,YI Z H. Power average of trapezoidal intuitionistic fuzzy numbers using strict t-norms and t-conorms [J]. IEEE Transactions on Fuzzy Systems,2016,24(5):1035-1047.
[32] 李如忠,童芳,周爱佳,等.基于梯形模糊数的地表灰尘重金属污染健康风险评价模型[J].环境科学学报,2011,31(8):1790-1798.
[33] GOMEZ C,BURITICA J,SANCHEZ-SILVA M,et al. Optimisation-based decision-making for complex networks in disastrous events[J]. International Journal of Risk

Assessment & Management,2011,15(5-6):417-436.
- [34] 王顺利. 大规模海浪三维可视化研究[D]. 西安:西北工业大学,2017.
- [35] NEETTIYATH U,THONDIYATH A. Improved Leader Follower Formation Control of Autonomous Underwater Vehicles using State Estimation[C]//9th International Conference on Informatics in Control,Automation and Robotics,2012:472-475.
- [36] 龙涛,沈林成,朱华勇,等. 面向协同任务的多 UCAV 分布式任务分配与协调技术[J]. 自动化学报,2007,33(7):731-737.
- [37] WU H,TIAN G H,HUANG B. Multi-robot Collaboration Exploration Based on Immune Network Model[C]//IEEE/ASME International Conference on Advanced Intelligent Mechatronics,2008:1207-1212.

7 总结与展望

浩瀚的海洋是人类赖以生存和发展的资源宝库,认识海洋、保护海洋、开发海洋是我们的必然选择。微小型 UUV 是当前海洋探测、开发利用的重要工具,而其集群更是被视为一种颠覆性技术,受到世界各海洋强国的高度重视。但复杂、多变、不可控的水下环境是制约集群性能的关键因素。一方面,环境效应与规模效应强耦合,影响控制稳态和动态性能,严重威胁集群安全;另一方面,由于水下环境的特殊性,UUV 集群湖试或海试试验较难完成。这些因素对微小型 UUV 集群协同理论研究提出挑战。本书以微小型 UUV 集群为研究对象,提出免疫智能体交互网络建模方法,围绕单体智能性、群体协同性及分布式仿真等一系列问题展开了研究、分析和讨论。通过对现有研究的总结和归纳,微小型 UUV 集群协同理论正朝着以实际场景应用为导向,以智能化、协同化水平提升为目标,以复杂海洋环境智能感知与协同控制为突破方向快速发展,进而满足面向任务场景的高性能无人水下集群系统的重大需求和要求。

7.1 内容总结

1. 免疫智能体交互网络是一种新的 MAS 建模与仿真方法

由于海洋环境效应和集群规模效应强耦合,微小型 UUV 集群系统属于复杂无人系统研究范畴。MAS 建模与仿真技术是研究复杂系统的一种新范式。生命现象的奇妙和生物的智能行为一直是科学家创新的灵感源泉和模拟对象。微尺度生物集群经过亿万年的不断学习与进化,是一个具有并行、分布、适应和自组织等隐喻机制的信息处理与计算系统,通过模拟其运行规律及隐喻机制,为丰富 MAS 建模理论提供了独特视角。本书第 2 章从复杂系统建模的角度,融合 MAS 与生物免疫系统两者在建模理论和应用实践方面的不同优势,研究了免疫智能体交互网络建模理论方法,建立了集群系统到免疫智能体交互网络之间的相互映射规范和机制。进一步,给出了基于免疫智能体交互网络的集群协同建模框架,分别从静态结构与动态机制两个方面研究单体智能性与群体协同性建模。总的来说,免疫智能体交互网络是一种新的 MAS 建模方法,更是研究微小型 UUV 集群协同建模与仿真的新技术。

2. 免疫智能体结构的微小型 UUV 智能性建模

微小型 UUV 个体的小尺寸与其智能性相矛盾。小尺寸意味着单体狭小空间无法配置更多传感设备,而智能性又需要更多传感装置,如何化解这对矛盾是微小型个体智能性建模研究的关键。受免疫应答机制和免疫选择机制启发,借鉴 Agent 结构,研究由免疫单元、处理单元、动作行为和知识库组成的多层次混合式免疫智能体,提高反应、规划和学习等自主行为的多分辨率智能性建模。本书第 3 章在积木式模块化 UUV 模型抽象的基础上,提出了包括感知执行层、协调控制层等 5 层结构构成的多层次混合式免疫智能体 UUV 模型,重点设计了知识库、状态集、规则库等 3 个支撑组件和协调控制器、规划器、学习器等 3 个核心组件,实现了微小 UUV 个体自主学习。在免疫智能体交互网络中,免疫单体智能性是微小型 UUV 建模的目标,为集群协同奠定微观基础。

3. 约束条件下 UUV 群体协同性建模

由于微小型个体能源、感知、通信受限,约束条件下自适应动态协作机制是微小型 UUV 集群协同建模研究的重要内容,涉及拓扑结构、通信协议和交互语言。灵活的系统结构一直是集群系统应对复杂环境所追求的目标,高效的通信协议决定了集群通信交互的质量,交互语言更是准确完成消息传递的载体。本书第 4 章在拓扑结构层,研究受免疫网络启发的混杂拓扑结构,实现网络的分布式架构；在通信协议层，设计基于免疫网络与市场机制融合的动态协商通信协议；在交互语言层，研究交互行为规则，利用 KQML 语言的可扩展性与 XML 语言的开放性实现信息交互协议的消息建模。由于集群在空间、时间、功能、资源上的分布性，信息融合成为微小 UUV 集群实现对复杂的、局部的、不确定性的多源信息进行综合处理分析的关键。第 5 章基于数据层的免疫智能体交互网络信息融合模型，研究多层次跟踪算法实现对目标的跟踪与定位。

4. 分布式仿真平台是支撑水下集群应用研究的载体

由于水下环境的特殊性，微小型 UUV 集群湖试或海试试验较难完成，分布式仿真成为研究集群协同技术的重要手段，通过复现实体模型、群体行为、动态环境，以及三者之间的动态交互等复杂对象完成对理论方法的仿真验证。本书第 6 章面向免疫智能体交互网络的微小型 UUV 集群仿真系统，设计功能完备、结构合理、计算高效的分布式仿真环境，通过接口、功能、参数实现仿真支撑环境的互通、互联、互操作。同时，考虑环境效应的时变性与集群规模效应的巨量性，研究基于 OSG 三维可视化的多级逼真度指标体系和逼真度评估方法。进一步，以单体避障和群体协同探测为典型应用实例对建模理论方法的适应性、鲁棒性和健壮性进行验证与分析。

7.2 研究展望

目前，微小型 UUV 集群协同研究备受关注，将在支撑海洋经济发展、海洋资源开发利用、海洋科学研究和国家安全保护方面发挥重要作用。自然界不同尺度的生物集群经过长时期的学习与进化，通过独特的局部交互机制形成协调有序的群体，为微小型 UUV 集群协同建模提供了源源不断的思想源泉。随着新一代信息技术、人工智能技术的快速发展，微小型 UUV 集群的智能性与协同性水平得到较大提升，但是距离真正海洋工程应用还有不小差距。微小型

UUV集群协同能力的提升始终脱离不了系统结构、运动控制、智能决策的范畴。作者认为，未来微小型UUV集群协同研究还应集中在无中心集群协同建模理论方法、分布式仿真系统及海洋工程应用等方面。

1. 无中心集群协同建模理论方法研究

微小型UUV集群是由大规模单体平台通过交互机制构成的无中心控制的复杂无人水下系统。智能与协同是其适应复杂水下环境、涌现集群智能的重要因素。如何提升集群在动态、开放、不确定环境下的协同化水平对于集群自主和智能特性具有重要作用。集群协同建模成为理解集群自主和智能的重要范式，涵盖交互机制、拓扑结构、通信模式、集群控制等内容。受集群行为的启发及观测技术的提升，更为细致的平均机制和非平均机制相继被发明，为集群随机动态拓扑、显式和隐式仿生通信、集群智能控制等技术的更新提供了新思想，因此围绕该方向可以进行更深入的研究。

2. 分布式仿真系统研究

水下浪、涌、流等环境复杂多变，微小型UUV集群规模庞大，个体与环境交互频繁，微小型UUV集群湖试或海试难度较大，分布式仿真系统成为研究其功能和性能的有力工具。一方面，借助大数据、虚拟现实、人工智能等技术，搭建MAS分布式仿真系统及三维绘制与渲染引擎等软硬件基础设施。另一方面，采用GPU+CPU的并行加速方案完成大规模计算任务，解决环境效应约束的多样性、个体运动信息的巨量性和交互计算的动态性造成的计算规模和耗时爆炸问题。通过仿真系统的构建与应用，保证了集群交互的实时性与逼真性，将为完成理论方法的反馈验证提供有力的技术支撑。

3. 海洋工程应用研究

微小型UUV集群作为一种颠覆性技术，目前国内研究多数还处于理论论证与实验室阶段，相对于国外已经具有实际应用功能的场景应用来说差距不小，这是需要特别关注的问题。微小型 UUV 集群发挥特定优势完成海洋场景应用，集群协同理论具有重要的指导作用。同时，在海洋场景应用中还会出现各类工程问题，这些问题的改进和解决，又能反向促进微小型 UUV 集群及其协同建模理论的发展和进步。因此，微小型 UUV 集群应用是当前和未来海洋工程领域需要发力的重要方向，只有这样，才能在海洋强国建设中发挥更大的作用。